知的生きかた文庫

読み出したらとまらない雑学の本

竹内 均 編

三笠書房

はじめに

◎「食べものの秘密」から「地球の不思議」まで——

「好奇心が大満足する」ネタ満載！

「どうして海の水はしょっぱいの？」

たとえば、小さな子どもにこう聞かれたとします。あなたは正確に答えられるでしょうか。三つや四つの子ども相手なら、適当なことを言ってお茶を濁すこともできるでしょうが、小学生ともなると、そうもいきません。

ふだん私たちが当然のことのように体験していて、その原理や仕組みもなんとなくわかったような気でいながら、いざ正面きって問われると頭を抱え込んでしまうことは、世の中に意外と多いものだと思います。

そしてその疑問をわかりやすく説明されると、「そうだったのか」と納得するだけでなく、今度は誰かにその話を教えたくてたまらなくなったりします。これが「知的好奇心」を満足させる第一歩でもあるのです。

本書には、私たちが日常生活で抱く素朴な疑問はもちろんのこと、一見ウソのようなホントの話から、常識のウラをつく意外な知識、覚えておくと便利な情報まで、さまざまな分野から雑学情報を拾い集めています。

たとえば……

- **水平線の彼方《かなた》までの距離は、たったの四・三キロ!?**
- **「病人にお粥《かゆ》を食べさせる」のは逆効果!?**
- **雷は金属をめがけて落ちる、はウソ!**
- **キリンの睡眠時間は「一日たったの二〇分」!**
- **ポン酢の「ポン」って、実はオランダ語!?**

などなど。

この本には、大人の会話や雑談に役立つ知識はもちろん、日常生活に即役立つヒントも満載です。

一つのネタを読むのに一分もかかりません。待ち時間や夜寝る前など、ちょっとしたすき間時間に楽しみながら「雑学博士」になり、しかも「生活上手」にもなれるわけですから、これほど有益な本はないと思います。きっと、読み進めるうちに面白くて、「病みつき」になることでしょう。

そしてそのネタの一つひとつから、また新たな疑問が湧《わ》いてくることもあると思います。それを自分なりに調べてみたりすると「知ることの楽しみ」が倍増し、「知識が増えた自分」を頼もしく思えたりもするのです。

この本が、人生を楽しく有意義《ゆういぎ》に過ごせるための、かっこうのスパイスとして役立つことを、私は心から願っています。

竹内　均

目次

1章 なぜ、〝鍋で煮る〟のにすき焼きなの？
【ルーツ・語源】雑学

2章

ニワトリはなぜ一年中、卵を産むの？

【動物】雑学

3章

酒を飲んだあとに頭痛がするのはなぜ？【心と体】雑学

4章 どうして女性のほうが長生きする？ 【男と女】雑学

5章

「青い地球」の正体は、海の青さだけではない!?

【地球と自然】雑学

6章 クレオパトラのアイメイクはなぜ濃いの？

【世界と日本の歴史】雑学

7章 なぜ関東は「濃い味」で関西は「薄味」なの？

【食べもの】雑学

◎編集プロデュース 波乗社
◎本文イラスト 1・3・5・7章＝にしごりるみ
2・4・6章＝山口マサル

1章

なぜ、〝鍋で煮る〟のにすき焼きなの？

【ルーツ・語源】雑学

「OK」って、そもそも何の略語？

私たちのまわりには略語があふれていますが、略さずに言えばどうなるのか、知らないものも多いはず。たとえば、世界の多くの国で使われている略語「OK」。これがそもそも何の略なのか、知っていますか。

実は、さまざまな説が入り乱れているのですが、その中でも面白いのが「大統領の勘違い」というものです。

第七代アメリカ大統領アンドリュー・ジャクソンの教養のなさは有名でした。彼は**all correct（正しい）のつづりをoll korrectと思い込んでいて、承認という意味でいつも、書類にOKと書いた**そうです。周りの人々は、「大統領はよしというときにOKと書くけど、ありゃいったい何なんだ」なんて言っているうち、しだいにOKが広まっていったというのです。

しかしながら、この説はうわさの域を脱しません。ジャクソン大統領がサインした公文書には、OKと書かれたものは一枚もないといわれているからです。

言語学者が支持しているのは、インディアンのチョクトー族の言葉、okeh（それでよし）からきたという説です。また、別のインディアンの族長 Old Keokuk が協定書にサインした名前の頭文字という説もありますが、これも証拠がありません。

さらにマユツバなのが、第八代大統領マーチン・ヴァン・ビュレンにまつわるもので、彼の再選をはかる政治団体ＯＫクラブが語源になっているという説です。ＯＫクラブがどうして「承知した」という意味になったのか理解しがたいので、この説もあまり信用できるものではないようです。

「アメダス」名前の意外な由来

天気予報でよく出る「アメダス」。しょっちゅう耳にしていますし、観測システムであることも何となくわかりますが、このユーモラスな響きの名前、どこから名づけられたかご存じですか。

「Automated Meteorological Date Acquisition System」（＝地域気象観測システム）

の略で、**意外にも〝雨〟にちなんだネーミングではありません**でした。

アメダスは、全国に網の目のように張り巡らされた地域観測システムのこと。既存の気象台や測候所だけでは網羅《もうら》できない地域観測が、アメダスによってきめ細かく対処できるようになっています。

アメダスの末端、無人の気象観測所は全国に約一三〇〇カ所。これは、風、気温、雨量、日照の四つの要素を測定するものです。ほかに、雨量専門の装置や、雪の多い地方には超音波の自動雪深計も設置されています。

以上の観測装置を東京のセンターのコンピュータとＩＳＤＮ回線で結んだものが、アメダスの全容というわけです。

ポン酢の「ポン」って、実はオランダ語!?

鍋料理の友、ポン酢。

よくよく考えると、妙な名前です。カタカナと漢字の組み合わせで、純粋な日本語なのかどうかもわからない。

柑橘《かんきつ》類を使っているからポンカンのポンなのか、とも思えますが、正式にはダイダイを使うもの。原料にポンのつく果物なんて入っていません。

そこで、ダイダイを糸口に調べてみました。

オランダには、ダイダイの絞り汁に酒と砂糖を加えた飲みものがあるそうで、その名もｐｏｎｓ（ポンス）。

つまり、ポン酢はポンスの日本流解釈だったのです。飲みものが、どこでどうつけ汁にすり替わったのかはわかりませんが、とりあえず、なるほど。

福神漬けの「福神」は弁天さまのことだった！

福神漬けの起源を語るものとして、こんな面白い話があります。

江戸時代、ある借金だらけの男が明日の生活にも困ってボンヤリ河原を歩いていると、上流からナスやキュウリがたくさん流れてきます。ちょうどその日はお盆で、上

流の農家が供養《くよう》のために流した野菜でした。男はその野菜を集めてしょう油に漬け込み、江戸に持っていって売ると、飛ぶように売れました。男はこれをきっかけに漬物屋を始めますが、川から野菜が流れてきたのは神の助けとばかりに、この漬物を福神漬けと名づけました。

……というまったく調子のいい話ですが、本当でしょうか。

実は、この話から「福神漬け」と名づけられたというのは、ウソ。漬物の老舗《しにせ》「酒悦《しゅえつ》」が明治一八年につくったものが、福神漬けの元祖です。福神漬けを考案したのは野田清右衛門《せいざえもん》という人で、借金で首が回らなかったわけでも、お盆の川流れを拾ったわけでもないそうです。香煎《こうせん》（穀類を煎《い》った粉）を売っていたのですが、もうちょっと商売を拡大しようと漬物を考案しました。

新製品の漬物を知人に試食してもらってネーミングを頼んだら、**店が上野なので不《しの》忍池《ばずのいけ》の弁天《べんてん》さまにちなんで福神漬けと命名し、弁天さまは七福神のうちの一人だから材料も七種類にするとよい**、という返事をもらいました。

福神漬けというのは、七福神漬けだったのです。そして、その正式な七種類の野菜とは、ナス、レンコン、シソ、ウリ、カブ、ダイコン、ナタマメです。このうちのどれかが欠けていても、また、ほかのものが入っていても、福神漬けとはいいません。

−、＋、×、÷がこんな形になったワケ

小学校の算数で習う「−」「＋」「×」「÷」は、どうして今のような形になったのでしょう。

「−」の記号は、船乗りが、たるに入れた水を使うときに、今日はここまでなくなったという印に線を引いていたことが元になっています。減っていくことを横線で表わしたので、引き算の減る記号にも「−」を使うようになりました。

「−」記号をつけて使っていたたるに水をいっぱい入れた日には、「−」記号の上に縦の線を書き入れて消しました。それで、足し算記号が「＋」になったのです。

「−」と「＋」が書物にはじめて登場したのは、一四八九年にドイツのウィットマンによって書かれた算術書です。

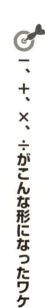

「×」は、一六三一年にイギリスのオートレッドが、著書『数学の鍵』の中で使ったのが始まりです。彼は十字架を斜めにして、かけ算記号にしました。

「÷」は、割り算を分数に表わしたときの形を示し、上と下の「・」は、分子と分母を意味しているという説。それから、割り算を分数で表わしたときの横線で、上下の「・」は「―」記号と区別するためのものだという説もあります。

ドイツの数学者ライプニッツは、「×」記号が一般的になっているにもかかわらず、未知数を表わす「X」と混同しやすいと主張し、「∧」という記号を使っていました。「÷」記号のほうも、なぜか彼は「:」という記号を使っていたといいます。

「御手洗《みたらし》だんご」は本当に「御手洗い」が語源!?

「御手洗だんご」と書いて、みたらしだんごと読みます。何てことはない、ごく普通の甘辛のたれのついた串だんごですが、字面《じづら》だけを見ると、「御手洗」という言葉に、一瞬ギョッとしてしまいます。

いったいなぜ、食べものだというのにこんな名前になってしまったのでしょう。
ことは、京都の下鴨《しもがも》神社に端を発しています。神社には、お参りするとき手や口をすすぐ御手洗川が流れていることがありますが、下鴨神社にもあります。特にここでは、**土用の丑《うし》の日にこの川に足を浸して無病息災《むびょうそくさい》を祈る、「御手洗詣《もう》で」という行事が有名でした。**

さて、御手洗詣での日には、いつしか神社の境内《けいだい》に串だんごを売る店が登場し、土用の丑の日にあやかってか人気はうなぎ上り。御手洗詣での名物となり、ついには御手洗だんごと呼ぶようになったのです。

下鴨神社のだんごは、串を一〇本に割ってうちわのように開き、一本ずつに五個のだんごが刺してあります。これは、厄除《やくよ》けの人形を真似たものだそうです。

その後、甘辛のたれのついただんごのことを御手洗だんごと呼ぶようになってしまいました。たれがトロッとしているのと、「みたらし」という発音から受けるイメージが合うせいかもしれません。

というわけで、ギョッとするようないわれがあるわけではないのですが、こういう名前になってしまったのです。

どうして粒あんのことを「小《お》倉《ぐら》」と呼ぶ？

小倉あんパン、小倉ようかん、小倉アイスなどなど、小豆《あずき》の粒が入っているあんのことを小倉といいます。なぜ、粒があると小倉なのでしょう。そもそも、小倉とはいったい……？

その起源は、京都の小倉山《おぐらやま》に発しています。小倉山といえば、「小倉山峰《みね》のもみぢ葉心あらば今ひとたびのみゆき待たなむ」（藤原忠平《ふじわらのただひら》）と、平安時代から和歌にも詠《よ》まれている紅葉の名所です。その**小倉山に赤く紅葉した木が点在している様子が、小豆のブツブツに似ている**ので、小豆の粒あんのことを小倉と呼ぶようになったのです。

なぜ、〝鍋で煮る〟のに「すき焼き」なの？

冬場を迎えると恋しくなるすき焼き。でも、グツグツ煮込むものなのに、どうして

「焼き」なんて名前がついたのか、ふと疑問を持ってしまいます。

まず、なぜ「すき」というのか。これには二つの説があります。

昔は、獣の肉を料理するのに調理用の鍋を使うのは気持ち悪いし、においがつくので古い鋤《すき》を使ったという「鋤焼き」説。

もう一つは、肉を薄く切ってすき身にすることから来たという「すき身焼き」説があります。

つぎに、「焼き」について。鍋で煮るのだから「すき煮」ではないかと疑問を抱くのは、関東人の証拠です。

すき焼きの調理法は、関東と関西でかなり違います。

京都のとある家では、炒める最中の肉に砂糖をたっぷりと振ります。じっくり焼いて肉に甘い味をなじませてから、さらに、しらたき、豆腐、ネギなどの材料を加え、最後に薄口しょう油で味をつけます。確かに「焼く」のであって、しょう油味のたれで「煮る」のではありません。味は、関東のものとたいして変わりないようですが。

関東では、鍋に油を引いて肉を焼きます。ここまでは一緒。肉に火が通ると、砂糖、しょう油、酒などを混ぜた割下《わりした》を注ぎ、ほかの材料を加えて煮込んでいきます。しかし関西人に言わせると、この調理法は「牛鍋」の調理法なのだそうです。

ちなみに、生卵をつけて食べるのは、関東と関西どちらも同じです。

チャキチャキの江戸っ子の「チャキチャキ」って？

「おいらぁ、チャキチャキの江戸っ子でい」という言い方がありますが、この「チャキチャキ」とはどういう意味なのでしょう。「チャキチャキの道産子《どさんこ》」という言い方はしないので、威勢のいい江戸っ子を修飾する言葉なのでしょうか。

実は、これにはちゃんと漢字があるのです。「嫡嫡」と書きます。**「嫡子《ちゃくし》」とか「嫡流《ちゃくりゅう》」というように、嫡は正しい跡取りの血筋を意味する字**です。それを二つ重ねるのだから、「正統の生粋《きっすい》の江戸っ子でい」という意味なのでした。

なぜ太平洋と大西洋の「たい」の字は違うの？

読みは同じでも文字は異なる「太」と「大」。「太平洋」と「大西洋」でも、うっかりすると表記を間違えてしまいそうです。

なぜ太平洋、大西洋と書くかといえば、そもそも意味が違うから、なのです。

太平洋のほうは、この大海を横断した航海者マゼランが名づけ親。**ポルトガル語で「El Mar Pacifico」と言い、「Pacifico」とは平穏、太平の意味を持つ言葉なので、「太平洋」と訳した**わけです。

マゼランが平穏な海と名づけた裏には、南米の南端の海峡で、荒れた天候に悩まされたという事情もあったようです。苦労してようやく南米大陸の西に広がる大海に出たところ、そこはこれまでの海峡とはまったく違う、のどかな海。好天が続き、波も低かったことから、安堵《あんど》と感激のあまり、この名をつけたのでしょう。

さて、一方の大西洋。こちらの語は、中国の古い言葉「泰西《たいせい》」にルーツがあります。

泰西とは、西側諸国という意味合いで、その国々の横に広がる大海だから「泰西洋」。

「泰」がどうして「大」にすり替わったかというと、もともと「泰」には大きいという意味もあり、この二つの漢字はいろいろな熟語や文の中で同義に用いられることが多かったからです。

そんなわけで、やがて「泰西洋」ではなく「大西洋」のほうが海の名称として定着し、それが日本にも伝わったということなのです。

きんぴらごぼうの「きんぴら」は金太郎の子どものこと！

きんぴらごぼうの「きんぴら」は、**「まさかりかついだ金太郎」で知られる坂田金《さかたのきん》時《とき》の子どもの、坂田金平《さかたのきんぴら》という超人的豪傑の名前からきた**のだそうです。

この金平も親ゆずりの暴れん坊。江戸で大流行した坂田金平を主人公にした人形浄《じょう》瑠璃《るり》では、金平人形は鉄の棒を持って、道具や舞台が壊れるほどの大暴れの大熱演をします。

というわけできんぴらごぼうも、辛くてかたくて赤くて……と、その硬派なイメー

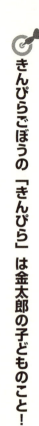

ジが金平さんみたいだと、大評判の浄瑠璃の主人公の名前から取って、きんぴらごぼうと呼ばれるようになったのです。

アジサイの学名にこめられたシーボルトの恋心とは？

花がボールのように丸く咲くアジサイ。今ではよく見かける花ですが、江戸時代には、いわゆる突然変異でできた変わり種だと思われていました。その頃は、外側にポツンポツンと咲く四枚のガクを持つ花（装飾花）と、中央の小さな花（両性花）とでできた、ガクアジサイが主流だったからです。

ところが、そんなガクアジサイの中で、装飾花ばかりをつけた花をよりすぐって育てる人が現われました。ここから、装飾花が集まってボールのように見えるタイプのアジサイが普及します。

アジサイは当時の園芸家の手によって広まり、ついには長崎にいたドイツ人医師シーボルトの元にも渡りました。そしてシーボ

ルトは、このアジサイにハイドランジア・オタクサという学名をつけました。

実はこの学名、**彼の愛人であった日本人女性の名前からきていたのです。その女性の名は「お滝さん」**。きっと丸顔の、優しい表情をした女性だったのでしょう。

チクワは昔「カマボコ」と呼ばれていた!?

現代人にとって、チクワとカマボコの違いは火を見るより明らか。真ん中に竹を刺した穴が開いているのがチクワで、板に張りついているのがカマボコです。

ところがこの両者、名前と形に混乱の歴史があるのです。

まず、最初にできたのはカマボコ。**魚のすり身に竹を刺して焼いたもので、蒲《がま》の穂《ほ》に形が似ているのでカマボコと呼ばれました。ということは、これは今でいうチクワです。**

桃山時代に入ると、竹の代わりに板が使われるようになりました。いちいち竹から外すよりずっと簡単なので、板についたカマボコは大流行、市場のほとんどがこの板カマボコになってしまいます。形はもはや蒲の穂型ではなかったのですが、依然としてカマボコと呼ばれ続けていました。

でも、細々とではありますが、以前と同じように竹に刺して穴の開いたタイプのものも売られていました。しかし、こちらもカマボコと呼んでいたのでは混乱してしまいます。そこで、とうとうチクワ（竹輪）と改名させられてしまいました。もともとはこちらが本家本元なのに、やはり時流に乗ったものにはかなわなかったようです。

うなぎの蒲焼《かばやき》も、蒲という字がつきます。これもはじめはうなぎを筒切りにし、串に刺して焼いたもので、形が蒲に似ていたために、そう呼ばれたのです。

「鉄火巻き」はどこから名づけられたの？

食べものの名前は、それを食べていた人物の名や場所から連想されて、つけられることが多いようです。

たとえば、賭けごとが大好きなイギリスのサンドウィッチ伯爵《はくしゃく》は、食事の時間もカードから手が離せません。そこで、パンの間に料理を挟んでカード片手に食べたというのが、サンドウィッチの始まり。

これと似たような由来の食べものが日本にもあると、一部でいわれてきました。

その名もズバリ「鉄火巻き」。

賭博場《とばくじょう》のことを鉄火場《てっかば》ともいいます。賭けごとに夢中になっている血の気の多い連中が食べていたのが始まり……といいたいところですが、実は鉄火巻きと賭けごとの鉄火とは、何の関係もありません。

鉄火とは、真っ赤に焼けた鉄のこと。鉄火巻きは、赤いマグロを巻いたからこういう名前がつけられたという、シンプルな理由なのです。

ほかに鉄火とつく食べものには、赤味噌にゴボウや大豆を混ぜて練った鉄火味噌や、しょう油を入れて炊いた鉄火飯というのもあります。みんな、色が赤いことからつけられた名前です。

ちなみに、賭博場のことを「鉄火場」、すぐにカッとなる人を「鉄火肌」というのは、焼けた鉄の熱さと破壊力から連想された言葉です。

「ウグイス」は鳴き声からつけられた名前？

スズメは「チュンチュン」、カラスは「カアカア」、ウグイスは「ホーホケキョ」。もちろん地域や時代によって表現に違いはありますが、一般に鳥の鳴き声は、表現のしかたが決まっています。

その鳴き声から名づけられた鳥もいて、カッコウやホトトギス、チドリ、ヒヨドリなどがそうです。

ホトトギスの鳴き声は、現在では「テッペンカケタカ」と表現されることもありますが、昔の人が聞いた「ホットットキトキ」というのが名前になっています。また、チドリは「チ、チ」、ヒヨドリは「ヒーヨ」という鳴き声からきています。

ところで、興味深いのはあの美声で知られるウグイスです。

『日本釈名《しゃくみょう》』という書物では、**ウグイスのウグは奥という言葉が変化したもの、イスはイヅ（出づ）のことで、春になると谷の奥**

より出てくるという意味の「奥出《おくい》づ」が名の起こりだと記されて、それが定説とされていました。

ところが、これには異説があります。山口仲美《なかみ》氏は著書『ちんちん千鳥のなく声は』で、江戸時代の『雅語音声考《がごおんじょうこう》』という書物に、**ウグイスの声は「ウウクヒ」と聞こえる、これに鳥を表わす接辞の「ス」（カラスのスと同じ）がついたものだ、**と記されていたというのです。

幸田露伴《ろはん》も「ウーグヒス」と聞こえると言っていたそうで、山口氏はさらに、平安時代の短歌に鳴き声が記されてしかるべきところに「うぐひす」とある謎も、鳴き声説ならば説明できる、としています。

ウグイスの鳴き声、あなたにはどう聞こえますか。

バターの代用品を「公募して」生まれたのがマーガリン

マーガリンが発明されたのはナポレオンのおかげ。といっても、有名なナポレオン一世ではなく三世のほうです。当時のフランスはビスマルク率いるプロシアとの戦争の真っ最中で、物資が不足し、特にバターが欠乏してきました。

フランス料理では、味つけとして調味料代わりに大量のバターを使います。腹が減っては戦《いくさ》ができぬというか、うまいものが食えなきゃ腹が立つというか、バターの欠乏は士気の喪失《そうしつ》に直結します。

そこでナポレオン三世は、バターの代用食品の発明を懸賞募集しました。

みごと栄誉に輝いたのは、化学者メージュ・ムーリエ。その代用食品とは、牛脂に牛乳を混ぜて乳化させただけという単純なものなのに、当のムーリエは自分の発明がいたく気に入ったご様子。**ギリシャ語で「真珠のような」という意味の言葉から取って、マーガリンと名づけたのです。真珠のように光輝く発明という思い入れがあったのでしょう。**

しかし、このマーガリン、いろいろな工夫がなされますが、やはりバター特有の、口の中に入れたときにフワッと出る芳香や風味は出せません。その秘密は牛の乳房にあると考えた彼は、牛の乳腺をすりつぶしてドロドロにしたものを混ぜたりもしたそうです。

安全かみそりは「安全」よりも何を重視した?

「一回使えば捨ててしまうようなものを発明したらどうだ。そうすれば、客は何度でも買いにくる」と雇い主にいわれた四〇歳のアメリカ人セールスマン、キング・キャンプ・ジレット。彼は四六時中、頭の片隅で何かいいアイディアはないかと考えていました。

一八九五年、セールスの旅先でひげそり用のかみそりを研《と》いでいたジレットに、妙案が浮かびました。「なんでこんな厚い刃にして、一回一回研がなければならないんだ? **薄い鋼鉄にして安くあげれば、使い捨てにできる!**」

彼は「うれしさのあまり、鏡の前で有頂天《うちょうてん》になった」と夫人に手紙を書いています。

しかし、そのうれしさも束《つか》の間でした。当時は、鋼鉄をそれほど薄く延ばせる圧延機がなかったのです。彼は六年もの間、工夫に工夫を重ねました。

そして一九〇一年、エレベーターの押しボタンを考案したウィリアム・ニッカーソンを呼び入れ、アメリカン・セーフティ・レーザー株式会社を設立しました。ニッカーソンは、一九〇二年までに技術上の問題をすべてクリアし、一九〇四年には九万個のかみそりを売りました。

今では安全かみそりと名づけられていますが、発明当時のジレットはひげそりの安全性を改良することなど、考えていなかったようです。

ハンバーガーは「ロシア生まれ」だった!?

「アメリカの食べものといったらハンバーガー」といわれるくらい、アメリカとハンバーガーは切っても切り離せないイメージがあるようです。

しかしこのハンバーガー、起源をたどればロシア料理が変化したもの。

一三世紀、タタール人と呼ばれる民族が、中央アジアからロシアへと大移動したときのこと。毎日毎日、移動を続ける暮らしなので、料理をするひまもありません。飼っている羊を殺して肉を細かく削り、山のように盛りつけて食べていました。

タタール人がロシアに住みつくようになると、この羊の生肉を食べる料理法も、ロシアに伝わります。

そしてそれが、ロシアと盛んに貿易をしていたドイツに伝わります。

ドイツ人はこの料理がいたく気に入ったようで、羊の肉を牛肉に替えてタマネギやアンチョビやたくさんのスパイスを加えるなど、独自に改良していきました。これが、ドイツ・レストランにあるタルタルステーキ。**タルタルというのは、タタールからきているのです。**

あるとき、タルタルステーキを焼いてみた人がいました。すると、外がカリカリで中はジューシー、実においしいではありませんか。これがハンバーグの誕生です。

その後、ドイツのハンブルクからアメリカに移住した人たちによってバンズで肉を挟んで食べる方法がアメリカで広まり、ハンバーガーと呼ばれるようになりました。

なぜ「欧米人は握手、日本人はおじぎ」なのか

アメリカ人と接する機会の多いビジネスマンに聞くと、さまざまなことがアメリカ

ナイズされ、挨拶も握手ですませることが結構あるそうです。

そうはいっても、日本人の挨拶の基本はやはりおじぎ。同じ挨拶なのに、なぜ国によってこんなにも違うのでしょうか。

文化が違うのだから当然だといってしまえば身もフタもないのですが、実はこれにはちょっとした科学的な理由があるのです。

おじぎで挨拶するのは日本だけではなく、中国、タイなど東南アジアに多いのですが、これらの国々に共通するのは夏が高温多湿ということです。そんな国では**相手と抱き合ったり手を握り合ったりするのはベトベトして気持ち悪い。このため体が触れ合わなくてもすむ挨拶が主流になった**と考えられています。

しかし、本当に親愛の情を表わすには体が触れ合うほうがいいということで、暑いけれど空気がカラッとしているヨーロッパやアメリカでは握手が主流になったわけです。

ところで、欧米人と対したときの握手のやり方ですが、まず、握手を求める（手を差し出す）のは目上からが基本。自分のほうが若いと思ったら相手が手を出すまで待っているのが無難です。

また、相手が女性のときは男性から握手を求めないのが普通です。

おつくり、あらい、たたき……刺身とどう違う?

生の魚の料理には、刺身、おつくり、あらい、たたきといろいろありますが、同じような違うような、どうも区別がはっきりつきません。また、同じ「たたき」でもカツオのたたきは火であぶりますが、アジのたたきは火を使わないで細かくたたいてあります。いったい、何をもって呼び分けているのでしょう。

「刺身」は、なます料理から分かれたもので、もともとは、魚の切り身にわさび酢、しょうが酢、たで酢(たでの葉でつくった酢)をつけて食べていました。なますというと、正月に食べるダイコンとニンジンの千切りを思い浮かべますが、昔は一般的な料理で、材料も野菜ばかりでなく、魚も使われていました。切り身なのに刺身と呼ぶのは、武家の治世で「切る」という言葉を使うのを嫌ったためです。

同じ意味で、関西でも切るという言葉を使わず、「おつくり」と呼ぶようになります。こちらは、魚の原形そのままではなく、ちゃんと料理してありますという意味合いを強めている感じです。ですから**刺身とおつくりは、関東と関西の言葉の違いで、内容には違いはありません。**ちなみに、刺身をわさびじょう油で食べるようになったのは江戸時代末期のことで、関東を中心に広まっていきました。

では、「あらい」はどこが違うのでしょう。あらいは、魚を薄いそぎ切りや糸切りにして、冷水や氷水にさっと打たせてから盛りつけます。表面についている脂肪分が洗い流されてさっぱりした味になり、シャキッとした歯ごたえになります。

「たたき」というと、土佐のカツオのたたきが有名です。まず、かたまりのままカツオの表面をさっと焼き、その後、調味料をつけて味をしみ込ませるために手でたたいたので、この名が残りました。

一方、アジやイワシなどのたたきは、漁師の料理です。捕れたての魚を沖の舟の上で食べるので、悠長に刺身につくっているひまはありません。骨ごと包丁でゴトゴトたたいて細かくし、調味料をつけて食べます。それで、たたきと呼ぶわけです。**カツオのたたきとアジのたたきでは、「たたく」の意味するところが違う**ため、調理法も違うのです。

「へその周りに隠すからへそくり」ではない!?

内緒でしまっておいたお金のことを「へそくり」と言いますが、その語源は何だと思いますか。

昔は腹巻きのへそのあたりにひもをつけて隠しておき、あたりに誰もいないときにそっとひもを繰《く》って何枚あるか数えるから、「へそ繰り」と言ったのです。

……というのは、真っ赤なウソ。

へそくりの「へそ」は、おなかにあるへそのことではなく、「綜麻《へそ》」のことです。

綜《あぜ》は麻糸をかける道具で、「綜麻繰り」は麻糸を繰る仕事のこと。

この仕事でたんまりもうけて金を蓄え、一人にんまり笑っていることから、へそくりという言葉ができたわけです。

きっと、宵越《よいご》しの金は持たないことを自慢にしている江戸っ子が、コソコソと金を蓄えている人をバカにして冷やかした言葉だったのでしょう。

「バッテラ」とは、もともと“舟”のこと！

サバの押し寿司のことをバッテラといいます。関東では好き嫌いが分かれるようですが、関西ではこれを好物にしている人が大勢いるようです。

バッテラとはポルトガル語で「小さな舟」という意味。現在では、小舟のことをバッテラと言う人はいませんが、明治時代には、永井荷風《かふう》の小説『夏の町』に「その時分にはボオトの事をバッテラという人も多かった」とあるように、小さな舟のことをバッテラと言っていたのです。

バッテラの外見を思い浮かべればわかるように、その形は小舟のようです。つまり、はじめはこの寿司は、その形から「バッテラ形の寿司」「バッテラ寿司」と呼ばれていたのですが、そのうち「寿司」が取れて、バッテラとだけ言うようになったのです。

やがて、小舟という意味のバッテラという言葉も死語になり、サバ寿司のバッテラだけが残ったわけです。

なぜゴルフボールにはクレーターのような窪《くぼ》みがある？

ここのところ、ゴルフは子どもや女性の競技人口も増え、ますます人気スポーツになっているようです。

ところで、ゴルフボールを手に取ってみると、思ったより重いのがわかります。これがよくあんなに飛ぶなあ、と思ったら、秘密がありました。

それは、ボールの表面にある、クレーターのような窪みです。

この窪み（英語ではディンプルと言います）が、空中を回転しながら飛んでいくときに空気抵抗を少なくしています。それだけではなく、ボールに揚力を与える働きもしているのです。

実際に、窪みのないボールとあるボールで実験してみたところ、窪みのあるボールのほうが三倍も遠くに飛んだそうです。

ポテトチップスは「料理人の意地」から生まれた！

一八六七年、ニューヨーク州の避暑地《ひしょち》サラトガのサラトガ・スプリングスホテルでのこと。

ウェイターがインド人のコックのところへフライドポテトの皿を持ってきて、「ポテトが厚すぎると客が文句を言っている」と言います。このコックは、非常に誇り高い男でした。注文を受けて、「これならどうだ」とばかりに、ジャガイモを紙のように薄く切ってカリカリに揚げます。

客は「ここまで薄くしろとは言わなかったが……」とびっくり。でも、一枚つまんで食べてみると、そのおいしいこと。一晩のうちにその味はホテル中で評判になり、その夏のサラトガでは、大通りでもベランダでも、優雅に紙コップからポテトチップスをつまむ客の姿が見られたそうです。
洗練された人々の上品な食べものだったポテトチップスが、極

めて大衆的な食品になったのは、一九二五年のこと。この年、ポテトチップスの大工場がニューヨーク州オールバニに建てられました。そんなこんなで、今では日本人のおやつの定番にもなっています。

「家電」なのに、もともと野外で使われていたものって?

今では当たり前のように使っている「家電」も、発明当初は家で使うものでなかった、という面白い話があります。

濾過《ろか》機のついた電気掃除機は、一九〇一年にイギリス人技師ヒューバート・ブースが考案したもの。それ以前は、じゅうたんのほこり取りはやっかいな仕事でした。

当時すでに、電動ではありませんがじゅうたん用の掃除機が普及しており、ほこりを風で飛ばす方法と、ふいご(空気ポンプ)をまわしてほこりを吸入する二つのタイプがありました。

原理的には、ただほこりを舞い上がらせるだけの前者より後者のほうがずっと優れているのですが、吸入タイプには、ほこりを濾過する方法に問題がありました。後者は水で濾過する方法を採っていたのですが、かなり大がかりなのです。ほこりを吸い取るだけでも、ふいごをまわす者とじゅうたんに掃除機を転がす者の二人の召使いが必要だというのに、これ以上大がかりなものとなれば、普通の家庭ではとても使えるようなものではなくなってしまいます。

そこで実用的な濾過の掃除機を発明したのが、橋の設計技師ヒューバート・ブース。彼がロンドンのセントパンクラス駅の前を通りかかると、小型電気モーターを使った最新式掃除機のデモンストレーションが行なわれていました。この掃除機は列車の車室用のもので、ほこりを吹き飛ばすタイプでした。

「ほこりは吸い取ったほうがいいんじゃないかい」と彼が尋ねると、「それはそうだが、ほこりの濾過がうまくいかなくて、とても実用にならない」という返事でした。

彼は、家に帰るとじゅうたんの上にかがみ、ハンカチを口に当てて思いっきり息を吸い込んでみました。すると、ほこりがハンカチにつきます。それで、彼は布で濾過することを思いつきました。今の私たちにすれば、布でこして取るなんて誰でも考えつきそうなことですが、当時としては素晴らしいひらめきだったようです。

初期の電気掃除機は現在のものからすればひどく大きく、道路に置いて二四〇メートルもあるホースで室内のほこりを吸い取るというものでした。音もかなりのもので、ときどき、驚いた馬が暴走して交通事故を起こしていたそうです。

ちなみに、ブースは本職の設計士としても有名で、映画『第三の男』に出てくるウィーンの橋をはじめ、有名な橋をいくつか設計しています。

「大福餅」は三回も改名を繰り返していた！

和菓子の名前は、簡単明瞭《めいりょう》なものが多いようです。

桜の葉で包んであるから桜餅。江戸の今川橋周辺で売られていたから今川焼き。形が銅鑼《どら》に似ているからどら焼き。きんつばは、昔は丸くて薄く刀のつばのようだったので銀つばといわれていましたが、江戸に出てきたとき「銀より金」とばかりにきんつばになり、形も四角くなってしまいました。

大福餅は、この名前に落ち着くまでは「うずら餅」と呼ばれていました。ふっくらした形が鳥のウズラのようだし、焼いて焦げた色も何となくウズラっぽいからでしょう。

そのうち、**腹がふくらんだ形なので「腹太《はらぶと》餅」と呼ばれるようになり、その大型のものを「大腹《だいふく》餅」と呼びました。**腹太より大腹のほうがデブだったわけです。

しかし、そのうち大腹餅ばかりになり、腹太餅の呼び名は忘れられてしまいました。後に、やや小型にしてこしあんを入れたものができたときには、腹太餅ではなく「大福餅」と名づけられたのでした。

和菓子屋によっては、小さいのを福餅、大きいのを大福餅と区別して売っているところがありますが、歴史の流れからみれば、大福餅、大腹餅と区別すべきなのです。

原水爆実験の島「ビキニ」を水着の名前にしたワケ

ビキニ環礁《かんしょう》といえば、かつて原水爆実験が行なわれた島。何だってまた、そんな物騒な島の名前を水着につけたのだろうと、不思議に思ったことはありませんか。

フランス人のデザイナー、ルイ・レアールが、その当時としてはショッキングなほど露出部分の多い水着をパリのファッションショーで発表したのは、一九四六年七月五日のことです。ちょうどこの四日前に、アメリカがビキニ環礁で原水爆実験を行ない、折しも世界中が、この話題で持ちきりでした。

確かに、**レアールの水着が全世界に与えたインパクトも、この実験に負けず劣らずのもの**でした。レアールは、究極的なイメージをもっと強めるために、自分の水着をビキニと名づけてしまったのです。

名古屋名物「ういろう」は、もともと薬の名前！

昔、名古屋最大のういろうメーカー「青柳《あおやぎ》」が、ヤナギを英語でウィロウということから、自分のところでつくっている菓子に「ういろう」と名づけた、というまことしやかな説を聞いたことがあります。……でも、これはウソ。

ういろうの名前はもっともっと古く、足利義満の時代にまで遡《さかのぼ》ります。応安《おうあん》の頃（一三六八〜一三七五年）に、当時の中国の元《げん》から帰化した人がいました。彼は、頭痛を抑えて眠気を覚まし、口中をさわやかにするという透頂香《とうちんこう》なる薬を日本に持ちこみ製法を伝えたのですが、この人が外郎《ういろう》という官職に属していたため、人々はこの薬を外郎丸《ういろうがん》と呼ぶようになりました。

さて、それ以前から、黒砂糖と餅米でつくった蒸しようかんのような黒い菓子が全国的につくられていました。これが、まったく外郎丸にそっくりということで、こちらのほうも、ういろうと呼ばれるようになってしまいました。

こうしてしばらくは、**菓子のういろうと薬の外郎丸の二本立ての時代が続きました**が、やがては、ういろうといえば菓子のほうを指すようになったのです。

聴診器の発明は「子どもの遊び」のおかげ？

みごとなほど単純なのに、これほど病気の診断に役立っているものがあるだろうか、と思われるのが聴診器ですが、それほど大昔から存在していたわけではありません。

一八一九年、フランス人の病理学者ラエネクは、**子どもの遊びから偶然、聴診器のアイディアを思いつきました。**彼がルーブル宮殿の中庭を歩いていると、子どもたちが長い棒の両端に耳をつけ、音を聞いて遊んでいたのです。彼は、こうして音を聞く原理を心臓病に応用できないかと考えました。

翌日、自分の病院の診察室で紙を巻いて筒をつくり、さっそく患者の胸に当てると、異常な雑音が聞こえました。数多くの実験の後、彼は長さ三〇センチ、直径三センチの木製の円筒を、聴診器として完成させたのです。

この聴診器、簡単で確実な診断ができるということで、すぐに広がりました。しかし皮肉にも、ラエネクは聴診器を完成させた直後、自分がかなり重い肺疾患《はいしつかん》にかかっていることを発見します。

そのあと彼は、この疾患がもとで、一八二六年に四五歳の若さで世を去ります。しかしそれまでに、肺疾患のあらゆる原因を科学的に整理した医学書を完成させました。「この本によって、医学は科学的な方向へと向かっていった」と言われるほどの名著だそうです。

現在使われているチューブのついた双耳式《そうじ》のものは、後に改良されたものです。

コーラの開発者は何と薬剤師！

コーラの製法は非公開で、誰も真似することができないといううわさがあるようですが、そんなことはありません。

コーラをつくったのはアメリカ・アトランタの薬剤師ペンバートン。一八八六年、彼は新しい薬をつくろうと、アフリカ西部原産のアオギリ科の常緑高木コラの葉と、その実から成分を抽出しました。この植物には**コーヒー豆の数倍のカフェインとコラニンが含まれており、確かに薬用効果があった**わけです。

この薬をソーダ水に溶かして飲料水にしたのが当時、ソーダ王と言われていたウィルス・ベナブル。その商品名が「コカ・コーラ」だったわけです。

これが大ヒットしたのですが、そうなるとコーラと名のつく類似商品が続々と出てきます。そこで「コーラ」という名が商標として保護されるべきかどうか争われたわけですが、結局、もともと薬としてあった名称だったので誰が使ってもかまわないという判決が下りました。

日本には大正時代に一度輸入されたことがありますが、口に合わなかったのか、広まりませんでした。本格的に飲まれるようになったのは戦後になってからです。

優雅なイメージとはかけ離れた香水の歴史

風呂を英語でバスと言いますが、この語源は、イングランド南西部にあるバスという都市の名に由来するのだそうです。

現在でも温泉地として知られていますが、その歴史は古く、古代ローマ帝国が進出してきたときに大公衆浴場がつくられ、それを町の名で呼んでいたのが、いつの間にか浴場そのものを表わすようになったといいます。古代ローマ人は非常に風呂好きだったため、彼らが侵略した土地には、必ずといっていいほど公衆浴場がつくられています。

ところで、この浴場ですが、どうも香水の発達と関係があるようなのです。ローマ帝国が各地につくった公衆浴場は、帝国衰退後も地元の人たちに愛用されていましたが、これらがパタッと閉鎖されてしまう大事件が起こります。

一六世紀、中世ヨーロッパを襲った伝染病の大流行です。

「この病気は風呂でうつる」という風説がまたたく間に広がり、伝染病を恐れた君主たちの命令で、ことごとく閉鎖されたり、破壊されたりしたのです。その体験はよほど強烈だったのでしょう、「風呂は伝染病がうつる」という観念がこびりつき、それ以後一九世紀に至るまでの三〇〇年もの間、ヨーロッパ人はずっと入浴しないでいたというのです。

それがどういう事態を招くか、もうおわかりでしょう。

当時のヨーロッパの人たちは、貴族から庶民まで、ありとあらゆる人々が猛烈な悪臭を放ち、たとえば、フランスのアンリ四世について、その愛人が、「腐った肉のようなにおいがする」と言ったという話も伝わっているほどです。

それに加え、当時はトイレで用を足すという習慣がなく、男女とも庭の隅かどこかで立ったままますませていたといわれます。宮殿でも同様で、女性がどうしてあの釣鐘のような形をしたスカートをはいていたかというと、そのままの姿勢で誰の目をはばかることなく用を足せたからだ、という説まであります。

このように**誰も彼もがプンプンとにおっているのでは、誰だってやり切れません。**

そこで、何とかこのにおいをごまかそうと香水が考え出され、急速に発達したのです。

世界で食べられている日本生まれのステーキ料理とは？

薄くのばした牛肉をタマネギに漬けて焼いたステーキを、シャリアピンステーキと言います。

名前はいかにも洋風ですが、実はこれ、日本独自のメニュー。

シャリアピンとは、二〇世紀最大のオペラ歌手・シャリアピンの名からきています。

このステーキは、帝国ホテルのコックが、シャリアピンの注文に応じて考案した料理なのだそうです。

シャリアピンは、ヨーロッパ、アメリカ各地で大成功をおさめたあと、昭和一一年に日本を訪れ、帝国ホテルに泊まりました。

彼はコックに、「何か変わったステーキをつくってくれ」と頼みました。そこでコックは腕を振るって、タマネギをたっぷり使ったステーキをつくります。

まず、すりおろしたタマネギの中に肉を漬け込みます。さらに、タマネギのみじん切りをバターで炒めてつくったソースを、肉の上にたっぷり乗せました。

一口食べたシャリアピンは、大満足。その後、公演でまわる世界各地のレストランやホテルで、タマネギを使ったあのステーキをつくってくれと頼むのでシャリアピンステーキと名づけられ、この料理法は世界中に広まったのです。

トイレを「かわや」と呼ぶのはなぜ?

昭和初期まで、トイレのことを「かわや」と言っていました。

語源は、ズバリ「川屋」。つまり、昔は川の上にトイレがつくられていて、そのまま汚物を川に流したというわけです。

日本の人口は縄文時代晩期で約七万六〇〇〇人、弥生時代は約六〇万人、古墳時代は約五四〇万人だったと推定されていますが、このくらいの人数では川の汚染問題も出なかったのでしょう。

その後、川に流していたし尿をため込むようになるのですが、これは衛生上の理由からではなく、なんとリサイクル。五、六世紀に中国大陸からし尿をもとに肥料にする方法が伝わってきたからだというのです。

当時、朝鮮半島に政治不安があって、半島の技術者が大勢日本に渡ってきました。そのため、急速に人口が増えたのですが、下肥《しもごえ》（し尿からつくった肥料）の技術者もこの中にいたのでしょう。

それ以後、家畜や人の排泄物が田畑に還元されるシステムは、昭和三〇年代まで続いたのです。

2章

ニワトリはなぜ一年中、卵を産むの？

【動物】雑学

野生のアライグマはえさを洗わない!?

動物園の中でも、愛嬌《あいきょう》があって特に人気があるのがアライグマ。この名前が、食事前にえさを洗う習慣があることから名づけられたことはよく知られています。

ところが、その名前の由来、実は大間違いだったのです。

あのようにえさを水に入れ、前脚で洗うかっこうをするのは、動物園で飼われているもの、それも空腹を感じていないときだけに見られる行動で、野生のアライグマにはまったくそういう習性がないことがわかっているのです。

考えてみればそれも当然で、**食べものをいちいちのんびりと洗っていたのでは、厳しい大自然の中で生き抜いてはいけません。**せっかくの獲物を奪われてしまう恐れもあるし、第一、自分の身が危険です。

では、なぜ動物園にくると、ああいう動作をし始めるのでしょうか。

これは一種の遊びではないか、と考えられています。自分が安全な場所にいることを知っていて、しかもおなかは満たされている、それがえさをもてあそぶゆとりを与えているのだ、というのです。

アライグマは川岸に棲む雑食性の動物ですが、特に魚が大好物で、川辺で魚を捕らえている姿がよく見られるそうです。そのときの喜びがしみついていて、それがえさ洗いの遊びをさせているのかもしれません。

ニワトリはなぜ一年中、卵を産むの？

養鶏場のニワトリは、実にたくさんの卵を産みます。一羽につき年平均で二七五個ぐらいだといいますから、ほかの鳥類に比べればそうとうな多さです。
そもそもたいていの鳥は、年がら年中季節を問わずに卵を産んだりはしません。繁殖期《はんしょく》が決まっていますし、一シーズンに何度も産むこともありません。
ただし**ニワトリには、産んだ卵が減ると慌てて産み足して帳尻**

を合わせるという習性がありますから、人間がこれを利用して次々と産ませることも可能というわけです。

というわけで、ニワトリを卵の量産にもある程度耐えられるよう改良し、養鶏場では環境づくりにも気を配り、日照時間や気温など、一年中春と同じようにしています。

要するに養鶏場のニワトリは、卵の量産のために体質を変化させられてしまったもの。卵製造マシンと化して、人間に自分の子孫を提供してくれているのです。

「カメは万年」というけど、本当の寿命はどのくらい?

万年といえば一〇〇世紀。いくら長寿ナンバーワンの生き物だからといっても、カメが一〇〇世紀も生きるとはオーバーです。けれども記録に残されているカメの寿命を調べてみると、万の数まではいかないまでも、そうとうな長生きをしています。

一七六六年にフランスの探検家が捕まえたアルダブラゾウガメは、当時の推定年齢が三〇～五〇年。その後、一九一八年に事故死するまで、一五二年間も飼育されたので、**一八〇〜二〇〇年も生きた計算になります。**事故死でなければもっと長生きしたかもしれないと考えると、カメの寿命はやっぱりすごい。

そのほか、アメリカハコガメが一三八年、ヨーロッパヌマガメが一〇〇年以上生きた記録もあります。

サバンナのスプリンター、チーターの致命的な弱点！

陸上動物の駿足《しゅんそく》ナンバーワンといえば、チーター。長い脚のつけ根は筋肉がよく発達し、走るときもむき出しの爪がスパイク代わりになって、猛ダッシュをかけることができます。

その速さは、一〇〇メートルをわずか三秒台で突っ走るというもの。人間のランナーが一〇秒を切れば超一流であるのと比べて、チーターの走りは驚くほど高速。時速に計算すれば一二〇キロにもなるのだから、高速道路のスピード制限にも引っかかりそうです。

といっても、この〝時速〟はあくまでも計算上のスピードにすぎません。一時間も走り続けることなど、チーターにはとうてい無理だからです。

実際チーターの持久力は、拍子抜けするほど劣っています。時速一二〇キロのスピードで走っても、一五秒後には早くもパワーが急激に失われてしまいます。

ということは、**チーターが足を生かせる距離は、わずか五〇〇メートル程度でしかない**のです。

人間にとって五〇〇メートル競走は結構長いけれど、あの広いサバンナでの五〇〇メートルは、ほんの短距離にすぎません。そのくせチーターには、狙う動物を一頭に絞り、絶対に変更しないという習性があります。

たとえ別の一頭が逃げるスピードを落とそうが、目の前を横切ろうが、これと決めた獲物だけを追うのです。一頭めがけて全力疾走しているから、そう簡単には曲がることができないということでしょうか。

速さではサバンナ一であるにもかかわらず、持久力がなくて融通もきかないチーター。それが災《わざわ》いして、食事にあぶれることも多いのか、年々頭数が減ってきているようです。

カツオが不眠不休で泳ぎ続ける理由

流線形のスラリとした体を持つカツオは、見るからに泳ぎが速そうです。

実際、スピード自慢の大型回遊魚の中でも、カツオはトップクラス。泳ぐ速度は時速一六〇キロを超えます。泳ぐというよりは、突進すると表現したほうが適切なほど。猛烈な勢いで、しかしスムーズに進んでいきます。

カツオが猛スピードで泳ぎ続けるのには、理由があります。

浮力を得るための浮き袋が体内にないために、止まると沈んでしまうのです。全速力で泳ぎ続けてさえいれば浮力が得られますから、休むわけにはいきません。

筋肉も、疲れにくいものとスピードを出すためのものの二種類が組み合わさっていて、実にうまくできています。

エラがほかの魚に比べて大きいのも、より多くの酸素を取り入れて筋肉に送り込む必要があるからです。水中を突進し続けるためのメカニズムが、全身のすみずみにまで行き渡っていることに感心させられます。

「フクロウは暗闇でも目が見える」はウソ！

フクロウは夜に活動するので、暗闇でも目が見えているのでは、と思ってしまいます。でも実は、その目の性能は人間と同程度なので、これは過大評価。では、なぜ暗闇の中でネズミやヘビなどの獲物を探知し、捕まえることができるのでしょうか。

その秘密は、フクロウの耳にあります。単に性能がいいだけではなく、ドーム状になっている頭の両側についているので、頭をレーダーのように動かして左右の耳に到達する時間差を正確に聞き取り、音源を探知できるわけです。これは**人間が両目を使って遠近感を測定しているのと同じことを耳でやっている**と考えればいいでしょう。

だから、月明かりも届かないような真っ暗な森の中でも、フクロウはネズミやヘビが落ち葉の上で動くかすかな音を聞きつけ、正確に襲いかかります。攻撃は鋭い脚の爪で行なわれ、捕獲した獲物は鋭いクチバシで食いちぎってしまいます。

アメンボが地面を歩くって知っていた？

雨上がりの水溜まりにアメンボがスーイスーイ。川から雨水の溜まったところを伝ってやってきたのでしょうか。

そうではありません。アメンボは水面を動いている姿しか見かけることがないので、水上だけで生活していると思われているようですが、実際は、**水上生活をするのは食事と交尾のときだけで、あとは水辺に生えているアシに止まったり岩陰にいたりするのです。**つまり、陸上生活をしています。夜ももちろん陸上にいます。

陸上にいるということは、歩くことができるということです。あるいは、種類によっては飛ぶこともできます。だから、道路に突然できた水溜まりにも、アメンボがいるわけです。

アメンボが水の上で食事をするのは、落ちてくる昆虫を狙っているから。わずかな振動でも水の上ならわかるのでさっと駆けつけ、針のような口を突き刺して体液を吸い取ります。交尾も水上で行ない、水中の植物などに卵を産みつけます。

キリンの睡眠時間は「一日たったの二〇分」!

日本人の標準的な睡眠時間は六時間から七時間だといわれます。それでも眠り足りず、八時間は寝ないと疲れが取れないという人も少なくないのですが、そんな人たちがキリンの睡眠時間を知ったら、きっと驚くでしょう。

苛酷《かこく》な条件の中で生き延びなければならない野生動物は、一般に睡眠時間が短くても疲労回復ができる体になっています。キリンの場合はそれが顕著で、**なんと二〇分しか眠らなくても大丈夫。**たったそれだけでも、起きてからしばらくはボーッと、なんてことはありません。敵がきたら起き抜けでも全速力で走らなければならないので、そんなのんきなことはしていられないのです。

しかも、二〇分のうち本当に深い眠りは、わずか二分間。あとの一八分間は、体は眠っていても脳は起きている状態です。一日の睡眠時間が三時間といわれていたナポレオンもびっくりする短さです。

サルの社会にも売春がある!?

集団生活をするサルたちの間では、ボスの権力は人間が想像する以上に強大なもの。何頭かいるボスの中でも序列が決まっていて、第二ボス以下は、自分より位の高いボスの前に出るとオドオドしてしまうというのですから、そのタテ社会はそうとうに厳しいに違いありません。

ボスの特権といえば、まず、いちばんおいしいえさを食べられること。手下が集めてきたものから、栄養も味もよいものを選んで、あるいは強奪してたっぷりと食べます。第二ボス以下は、序列に従って残り物にありつくしか手はありません。

もう一つの特権は、片っ端からメスを手に入れられること。かなり横暴なやり口のことも多く、ある動物園ではボスの交配の半数以上が強姦《ごうかん》、そのうち半数のメスがケガをしたことが確認されています。

しかしメスにとっても、ボスの正妻になれば群れの中で立場が強くなるという見返りはあります。そこで**現われたのが、力ずくで犯される前に自分から媚《こび》を売って正妻**

の座を得ようとするメス。動物学者の間で「サルの売春」と呼ばれるこの行動は、若いメスザルが第一ボスにまめに接近するものです。

女であることを利用して地位を得ようとする売春ザルたち。腕力主義の男社会であるサルの群れの中で、何とも功利的でしたたかな生き方です。

イルカが泳ぎながら眠る驚きの方法

バンドウイルカは、ほとんど眠らずに泳ぎ続けているそうです。

イルカは、はじめ陸に生息し、後に水中生活をするようになった哺乳類《ほにゅうるい》で、肺呼吸をします。水面に浮かんだ状態のときか、水底に潜ったわずかな時間に少し眠るだけで、水中で眠り続けると呼吸ができなくなり、やがて死んでしまいます。

ところが、泳いでいる姿をよく観察すると、片目をつぶっていることがあります。そのときの脳波を調べると、目をつぶっているほうの脳だけが眠っていました。**ずっと泳ぎ続けているように見えますが、左右の脳を片方ずつ交互に眠らせていた**のです。

人間も、居眠りをするときに左右の脳を交互に眠らせることができれば、電車で乗りすごしたりしなくていいのに、と思いますが。

コウテイペンギンは「四カ月間も断食《だんじき》」する！

ヨチヨチ歩きが何ともかわいいペンギンは、見ての通り空を飛ぶことができません。というより、主に海の魚をえさにしている彼らは、飛ぶ必要がないのです。

その代わり、最高時速六〇キロというスピードで、それこそ飛ぶように泳ぐことができます。潜水もお手のもので、大型のコウテイペンギンになると、最高深度二六五メートル、時間にして二〇分近く潜ることができます。

水の中では魚顔負けの能力を発揮するペンギンも、卵は陸上で産まなくてはなりません。コウテイペンギンの棲む南極は、えさとなる魚が豊富な上、外敵が少ないという好環境ですが、卵を産

んで子を育てるとなれば、この極寒の地は決して恵まれた環境とはいえません。

コウテイペンギンのメスは、岸から遠く離れた場所で卵を産むと、さっさとえさを取りに海へ行ってしまうので、卵を温めるのはオスの役目。卵を氷の上に置いたままでは凍ってしまうため、オスは直立したまま足の甲の上に卵を載せ、垂れ下がったおなかの皮ですっぽりと包みます。

こうして、気温零下《れいか》四〇度、風速二〇メートルのブリザード（雪の嵐）が吹き荒れる中、卵がかえるまでの六〇日間、そしてヒナがかえってからもかなりの間、ひたすら頑張ります。**メスが交代に戻ってくるまで、約一二〇日間も断食しなければならず、オスの体重は半分近くになってしまう**そうです。

「皇帝」という名前の割に、その生活はなかなか厳しいようです。

犬やサルも「猫舌」だった！

熱い食べものや飲みものが苦手な人のことを猫舌といいます。

猫が熱いものに弱いのはよく知られていることで、冷めない限り絶対に食べようとしないのを見て、こういわれるようになったわけです。

しかし犬も、熱いものは食べません。ライオンもサルも同様で、熱いものを平気で食べるのは人間ぐらいなものなのです。

理由は簡単、**火を使う動物が人間だけだということ**を思い出してください。ものを加熱して食べる習慣を持った人間は、長い年月の間に、熱いものでも平気で食べられるようになりました。しかし、ほかの動物たちはそうはいきません。

いくら人間に飼われていても、熱いものに慣れろというほうが無理というもので、相変わらず猫舌のままでいるわけです。

冬眠中のクマはなぜオシッコをしなくても平気なの？

クマの冬眠は、三カ月間にも及びます。その間は、もちろん飲まず食わず。けれど、実りの多い秋のうちに果実や木の実、魚、昆虫までモリモリと食べ、皮下脂肪にして

蓄えておいたから大丈夫。皮下脂肪は冬眠中、中枢神経を刺激する役目も果たし、クマをウトウトと眠らせます。

冬眠中は、排泄も一切なし。飲まず食わずだからそれでいいのだろうというのは、理由にはなりません。体温が三五度はあることから、エネルギー代謝が止まっていないのは明らかだし、糞《ふん》は出ないにしてもオシッコが出ないのは変。もし、三カ月も血液中の尿素を排出しなかったら、体中がむくんでしまうはずです。

実は**冬眠中のクマの体内には、尿素の生成を抑える物質クレアチニンができるのです。**これが血液中で増加し、尿素の増加を最小限に食い止めるため、オシッコの素が体中にまわって尿毒症になることもなく、クマは安心して冬眠していられるのです。

兄弟殺しを黙認するワシの厳しい子育て法

多くのワシ類は、複数の卵を産むときも一度に産まず、数日ずらして産む習性があ

ナヒ然当、でのうましてめ始め温を卵に前る終み産を卵のてべす、てしそ。すまり

がかえるのに若干のズレが生じます。この現象を非同時孵化《ふか》と言います。

このため、先にかえったヒナが、弟（妹）を攻撃し、ついにはつつき殺してしまう

ことがよくあります。アフリカ南部に棲むコシジロワシの場合、二〇〇巣のうち複数のヒナが巣立ったのは、わずか一巣のみだったという観察結果さえあるのです。

この兄弟殺しは、イジメやケンカがもとで起こるのですが、驚いたことに、親鳥はそれを止めようともせず、見て見ぬふりをします。どの子もみんな大きくなってほしいと思うのが親の願いだと思うのですが、なぜ鳥の親は、こんな残酷なことを黙認してしまうのでしょうか。

この理由には諸説ありますが、最も有力なのは、**下のヒナは上のヒナが死んだときの〝保険〟**だというもの。つまり、ヒナ同士の体力が同じだと、えさの恵まれない年には、少ないえさの奪い合いで共倒れになりかねません。

そこで、えさ不足の年でも最低限のヒナの生存を保障するため、どちらかが犠牲になる必要が生じ、非同時孵化が必要となるのです。たとえ弱いヒナが殺されても一羽が元気に育てば、親にとってはそれでいいというわけです。

私たち人間の感情では推し測れないこのシステムも、鳥たちにはどうしても必要な手段なのかもしれません。

結婚相手を一生離さない深海魚がいた！

アンコウという魚は、頭の先に釣りざおのようなものをぶら下げていますが、あれは本当に釣りざおなのです。アンコウがさおの先をブラブラやっていると、何だろうと小さな魚が寄ってきます。十分に近づいたところで、あの平べったい大きな口をあけてパックリと食べてしまうのです。

深海に棲むチョウチンアンコウは、えさのようなものとして発光バクテリアをさおの先に飼っており、その光に引き寄せられてきた魚を釣り上げます。

また、真っ暗な深海ではえさを探すのも大変ですが、結婚相手を探すのも大変。中には、一度つかまえたら相手を一生離さないというものもいます。ミツクリエナガチョウチンアンコウという長い名前の種類のオスは、メスに比べて極端に体が小さく、メスに寄生《きせい》して暮らしています。**はじめはただくっついていただけなのに、やがて皮膚がくっつき、しまいには血管までがくっついて夫婦同体になってしまう**のです。

ああ、恐ろしい。何とも奇妙な性質です。

海水魚を淡水に入れるとどうして死ぬの？

もし海の魚を淡水で飼ったとしたら、死んでしまうのでしょうか。

川の魚を海に入れたらしょっぱくて参ってしまうのは何となくわかりますが、しょっぱい海水から淡水に移してあげれば、海の魚はむしろ喜ぶのでは、と思ってしまいます。サケやウナギは海から川に上ってもピンピンしていますし、沖縄の宮古島《みやこじま》の沖合にある小さな島の洞窟《どうくつ》では、淡水魚と海水魚が一緒に釣れるそうです。

こうした例からも、海水魚は川や湖で元気にやっていくことができそうに思えます。

ところが、実際には海水魚を淡水に入れると間もなく死んでしまいます。

サケやウナギがピンピンしているのは、成長していくうちに淡水に適応していくから。沖縄の小島の洞窟の場合は、洞窟の底が海につながっていて、上のほうは雨水が溜まって淡水、下は海水になっているので淡水魚と海水魚が一緒に釣れるわけです。だからどちらも例外というべきです。

海水魚はいつも海水を飲み込んでいるので、いくら飲んでも体の塩分が濃くなりすぎないよう、エラや皮膚から体内の塩分をどんどん吐き出す仕組みになっています。この機能は淡水に移しても変わりませんから、**淡水でもどんどん塩分を吐き出し、結局体内の塩分が足りなくなって死んでしまう**のです。

イモムシ、カタツムリ、ナメクジ……いちばんの〝駿足〟は？

イモムシ、カタツムリ、ナメクジ。どれものろいのはわかっていますが、あえていちばんの駿足はどれなのか、考えてみましょう。

まず、**イモムシの時速は一八～三〇メートル。一分間では三〇～五〇センチしか進めません。**これは人間が一瞬にして踏み出す一歩の歩幅よりも短いものです。

しかし、**カタツムリ、ナメクジなどの軟体動物組はもっと遅く、時速六メートル。**全身を曲げたり伸ばしたりしながら進むイモムシに、かなりの差をつけられてしまいます。平たい足を波状にうねらせて進むだけなのですから、速いはずがありません。

しかしカタツムリとナメクジには、カミソリの刃の上でも歩けるという特性があります。スピードでは負けてしまいますが、イモムシにはない特技を持っているのです。

魚がフグを食べたら毒にあたるの？

フグの毒、テトロドトキシンは強力です。同量の青酸カリの六〇〇倍の強さで、わずか〇・五ミリグラムあれば三〇人を殺せるというから恐ろしい……。これは知覚や運動のマヒとともに、呼吸をもマヒさせます。

大きな体の人間もイチコロなのですから、当然魚だって中毒になります。シャチやイルカなどといった大型の哺乳類も、まず助かりません。

ただし、海の動物でもフグを食べてケロッとしている連中がいるのです。神経や感覚を司《つかさど》る器官がない動物、つまり下等動物です。**タコやイカなどの軟体動物、ナマコやヒトデなどの棘皮《きょくひ》動物、貝類などに、フグの毒がある卵巣や肝臓を与えても、あたることはありません。**

なるほど、神経がなければ何も感じないわけです。

ハヤブサの飛行スピードは、そんなに速くない!?

大空をゆうゆうと飛びまわる鳥のスピードは、そうとうな速さに違いないと思われるかもしれません。実際のところ、どうなのでしょう。

もちろん、鳥の種類や大きさによって違います。小さいハトは時速六〇～六六キロ、体が重そうなハクチョウは七〇キロ、いつも群れで飛んでいるガンは七五～九〇キロ。速いものでは、アマツバメの時速一〇〇キロというのがあります。特急電車と同じくらいのスピードです。

意外に遅いのがハヤブサ。東北新幹線がその名を借りているくらいですが、時速六〇キロ。獲物を追うときにはもっと速くなりますが、スピード感を出すためにハヤブサの名を借りたのだとしたら、失敗だったかもしれません。

「タイ」と名のつく魚の9割以上はタイじゃない!?

祝い事に欠かせないタイは海魚の王者と言われ、日本人にはとても縁の深い魚。タイと名のつく魚は大変多く、イシダイ、ブダイ、マダイなど全部で二〇〇種類以上もいます。

しかし、**スズキ目スズキ亜目タイ科に属する正真正銘《しょうしんしょうめい》のタイの仲間は、わずか一〇種類ほど。**

残りは正確には、タイとはいえないものですが、魚博士として知られた故・末広恭《やす》雄《お》氏は、「タイにあやかりたいという気持ちと、タイという呼称がいつの間にか魚の代名詞になってしまった結果ではないか」と言っています。

また、タイでんぶ、タイ味噌など、タイのご利益《りやく》にあやかった水産加工食品もたくさんありますが、これらも、本当はタイ以外の魚を原料にしたものが多いのです。

シャチの「音楽を聴く耳」は意外なほど肥えている！

「海のギャング」と恐れられるシャチですが、意外と愛らしい一面も持っています。

シャチはイルカの仲間なので、感度のいい耳を持っていることはわかっていましたが、シャチを長年見続けてきたカナダのある研究者が実験したところによると、音楽に非常にいいノリを見せるそうです。

まず、ベートーヴェンのバイオリン協奏曲を聞かせたところ、それまで静かに泳いでいたシャチがはねたり、仰向けに泳いだり、口をパクパクさせたり、尾ヒレを振ったり、曲のリズムに合わせて盛んに体を動かしたそうです。

これは面白いというので、次々にいろいろな音楽を聞かせたところ、どの曲にもシヤチはよく反応しました。

ただ、**同じものを続けて聞かせると、すぐ飽きてしまって無視するようになりました。つまり、前にかけた曲をよく記憶している**のです。

おそらく海の中ではいろいろな音が聞こえるので、同じ曲の繰り返しでは単調すぎて反応しなくなるのではないかと、この研究者は考えています。

ハチの体が「黄色と黒のシマシマ」なのはなぜ？

〝危険〟を意味する標識に黄色と黒が使われることがありますが、自然界でも、この二色は〝警告のしるし〟を表わしているようです。たとえばハチ。ミツバチ、アシナガバチ、スズメバチ――どのハチもたいてい胴体は黄色と黒のシマシマ模様です。

刺されるとすごく痛い針を持っているハチは、外敵に襲われることがほとんどないため、人間が近寄っても実に堂々としていて、逃げる気配すらありません。それどころか、人間に限らず、一度でもハチに刺されたことのある動物なら、こちらのほうから逃げ出したくなるのです。

〝虎《とら》の威《い》を借《か》る狐《きつね》〟という言葉がありますが、面白いことに、昆虫の世界でもハチの威を借りる虫がたくさんいます。

ハナアブ、スカシバ（ガの一種）など、針なんか持っていないくせに、体の色がハチに似ているというだけで、外敵から身を守ることができるのです。

〝黄色と黒〟の威力は海の中でも通用します。ある水族館ではサメの水槽を掃除するとき、飼育係の人たちはサメに襲われないよう、黄色と黒のシマシマ模様のウェットスーツを着るのだそうです。これは別にハチに似せたわけではなく、猛毒を持つウミヘビの体の色を真似たものだといわれています。

太古のワニは北極にもいた!?

かつて、カナダ最北端のエルズミア島でワニの化石が発掘されたことがありました。

発掘したのは、エール大学ピーボディ博物館とペンシルベニア大学古生物研究グループ。しかし、カナダ最北端といえば北極圏です。昔のワニはそんなところにも棲んでいたのでしょうか。

いたのです。というのは、化石は地中深くから発掘され、他の場所から流れ着いたものでも、誰かが持ってきたのでもないことがはっきりしたからです。

では、太古のワニは寒いところにも棲む種類だったのでしょうか。

そんなことはありません。化石を詳しく調べたところ、現代のワニとほぼ同じ種類であることがわかったのです。

これらの事実から結論できることは、一つしかありません。

「その時代の北極圏は熱帯だった」ということです。

地球物理学者によると、地球の誕生以来、北極と南極は移動してきたそうです。そのプロセスで、南極や北極が温帯や熱帯になった可能性もあるということです。だから、ワニはまず太古に北極に出現し、寒くなるにつれてどんどん移動し、現在の熱帯地方に棲むようになったというわけです。

大阪の古い地層からもマチカネワニという巨大ワニの化石が出ていますが、これも日本がかつて熱帯だった痕跡《こんせき》かもしれません。

摂氏三〇度以下だとワニの赤ちゃんはメスばかり!?

産婦人科によっては、産み分けの指導をしてくれるところもあるらしいのですが、基本的には男の子と女の子が産まれる確率はだいたい五分五分。食生活などで体質を変えることによって、ある程度は操作できるという説もありますが、いずれにしても、人間の性別は受精の瞬間に決まります。

人間も含め、いわゆる高等動物といわれるものは、性染色体によって雌雄《しゆう》が決定されるといわれていました。ところが、**トカゲやワニなど一部の爬虫類《はちゅう》は、受精の瞬間ではなく、卵がさらされる温度によって雌雄が決まる**ことが明らかになったのです。

たとえば、ヤモリの卵は摂氏二六度以下だとメス、二九度以上はオス。ミシシッピワニは三〇度以下はメス、三四度以上はオス、三二度でオスとメスが半々になるといった具合。変わっているのがカミツキガメで、二〇度以下はメス、二四～二六度でオス、そして三〇度以上ではまたメスばかりになります。
カミツキガメの場合、メスが多く産まれるようになっているのは、厳しい環境の中ではメスが多いほうが都合いいからだ、という説があります。メスが少ないと繁殖率はガクンと落ちますし、メスのほうが耐久力もあるので、環境の変化にも適応しやすいからなのでしょう。

角が小さいカブトムシはどうやって生きていく？

大きくて立派な角を持ったカブトムシやクワガタムシには、子どもだけでなく、大人の男性にも多くの愛好家がいます。
ところで、カブトムシにはどうしてあんなに大きな角がついているのでしょうか。これについては、角は穴を掘るための道具であるとか、捕食者から身を守るためとか、何の機能もない単なるコブであるなど、いろいろな説があります。

昆虫学者のエバーハードの研究によると、カブトムシの角は、えさやメスをめぐって行なわれる同種間の争いで、武器として使われていることが明らかになりました。

この考え方でいくと、角が大きいほど相手をうまく投げ飛ばせるわけですから、長い長い進化の過程で、小さい角は自然に淘汰《とうた》されるはずです。

ところが、エバーハードが調べたところ、一つのカブトムシの集団内に、大きい角と小さい角の二つのグループが存在していました。

では、ケンカの弱い小さい角のカブトムシは、どうして生き残れたのでしょうか。

実は、小さい角のカブトムシは、大きい角のものより早く羽化《うか》していたのです。つまり、**大きい角のグループがサナギでいる間に、小さい角のグループはちゃっかりとメスを自分の巣に招き入れ、交尾をすませていた**というわけです。

川のウナギはみんなオス、ではメスはどこに？

現在、日本で食べられるウナギのほぼ一〇〇％は養殖ものですが、これからするのは天然のウナギの話です。

天然のウナギは、海で生まれて川で育つという、サケとは逆の生き方をします。川にいるウナギは実はすべてオスなのですが、それならメスのウナギはずっと海で暮らすのかというと、そういうことではありません。

ウナギの一生をざっとたどってみましょう。

ウナギは、生まれて二年半後にシラスウナギと呼ばれる稚魚《ちぎょ》になって、川にたどり着きます。シラスウナギは、一年半で蒲焼《かばやき》にちょうどいい大きさになり、さらに数年を川ですごしてウナギやオオウナギになり、また海へと戻っていきます。

では、なぜ川にいるのはすべてオスのウナギなのでしょうか。

その理由は驚くべきもので、何と**ウナギは、成長するにしたがってオスになったりメスになったりする雌雄同体**なのです。

はじめに雄性生殖《せいしょくせん》腺が発達するので、川にいるウナギは全部オスですが、海に戻ってから次第にメスに変わります。そして、このメスのウナギが卵を産むというわけです。

ハエが止まった食べものを食べても大丈夫？

ハエが食べものに止まっているのを目撃したら、どうしますか。ハエが止まったところだけ捨てたり、神経質な人なら全部捨ててしまうかもしれません。

何となく「汚い」イメージはあるのですが、ハエが止まったものを食べることは、本当に問題なのでしょうか。

結論から言えば、**ハエが一匹止まった直後なら、そのまま食べても大丈夫。**

ハエが運んでくる中でいちばん有害な菌は、食中毒を引き起こすサルモネラ菌ですが、たった一匹のハエにくっついてくる菌の数なんてたかが知れています。ハエ一匹にあたふたするのは騒ぎ損というものです。

危険なのは、ハエが止まってから長時間経ったもの。たった一個のサルモネラ菌が三時間後には五〇〇個、五時間後には三万個、八時間経つと一六〇〇万個と、驚きの早さで増えてしまうのです。サルモネラ菌が発病のもとになるのは一〇〇〇万個以上集まったときから、とされていますから、油断できません。

コアラの盲腸は人間より四〇倍も長い！

草や葉は、繊維質に富む食べもの。だから、消化吸収しやすくするために、草食動物の腸は植物を食べない動物に比べて長くなっています。

コアラもそんな動物の一つですが、彼らの場合、小腸や大腸もさることながら、盲腸がきわめて長く、その長さ、何と約二メートル。腸全体の二〇％をも占めています。人間の盲腸が約五センチと考えれば、かなりの長さに思えてしまいます。

なぜこんなに盲腸が長いかと言うと、コアラがユーカリの葉を食べて生きているため。この葉は硬くて消化が悪く、ほかの動物にとっては毒性もあるのですが、コアラはどういうわけかこれしか食べません。そのため体内の消化吸収の器官も、ユーカリの葉に合わせたものになっているのです。

盲腸が長ければ、胃や腸で消化し切れなかった分を、どんどん送り込むことができます。盲腸には細菌がいて、繊維質のセルロ

ースを分解するのです。あとは鎖状《くさり》の組織が壊れたセルロースを、栄養分として吸収すればいいわけです。

ちなみに、コアラの食生活の特異なところはこれだけではありません。水分もユーカリの葉についた露《つゆ》しか飲まないのです。食べた葉にも水分があるとはいえ、あまりにも少ない摂取量。そのためオシッコも汗もごくわずかです。

「オスのカマキリはメスに食われる」は本当?

カマキリのオスは、交尾が終わると自分の体をメスの前に投げ出し、わざと食べられて栄養の足しにしてもらう、という話があります。

でも、本当にオスのカマキリはそんなにお人好しなのでしょうか。

確かにカマキリのメスは、産卵のために猛烈な食欲を示し、近づくものは片っ端から捕まえて食べてしまう習性があります。しかし、**オスは決してわざと食べられているわけではない**のです。

交尾の季節になると、オスはいやでもメスに接近しなければなりません。遠くからメスを見つけたオスは、気づかれないよう何時間もかけて、背後から慎重に接近します。無事に接近できると、一気にメスの背中へ飛び乗り、前肢《ぜんし》のカマで相手をはがいじめにして交尾に入ります。一時間ほどで交尾が終わると、オスは別のメスを探すため、さっさと立ち去ってしまいます。

しかし、交尾中に体勢が崩れたり、メスが後ろを振り返ったときは大変。頭からバリバリと食べられてしまうこともあるのです。

どのくらいの確率で、オスはメスに食べられてしまうのかを実験した、興味深いデータが残っています。

ビニールハウスにオス、メス二〇匹ずつのカマキリを放し、二一日間にわたって交尾行動を観察した結果、交尾中に共食いされたオスはたったの一匹でした。しかもオス一匹当たり平均二・二回の交尾が観察されたそうです。このことから、十分に広い空間であれば、共食いはそんなに起こらないということが明らかになりました。

しかし、いくら食べられる確率は低いといっても、オスにとっては交尾が命懸けの行動であることに変わりはありません。

ドジョウはきれいな水で飼うと病気になる！

農薬や化学肥料のせいで、すっかり姿を見せなくなった動物の代表格がドジョウ。泥の中に潜り、汚いところでも平気で棲める、割と丈夫な魚ですが、不思議なことに汚い所にいるドジョウをきれいな水で飼うと、病気になってしまうことがあります。

カラムナリス病と言って、体のあちこちが白くはげたようになり、エラが腐ったようになって死んでしまうのです。

泥の中のドジョウは、ある種の菌が皮膚やエラの表面についていて、それが病原体をつきにくくしているのですが、きれいな水にはドジョウを守ってくれる菌がいないので、病気の菌だけが増えるからです。

また、ドジョウの体はぬるぬるした多量の粘液《ねんえき》で覆われています。この粘液は一種の防弾チョッキで、はがれると体が傷つくばかりでなく、浸透圧《しんとうあつ》の関係で、皮膚を通して水分が体内に浸入し、血液の濃度が変わって弱ってしまいます。

この粘液には殺菌力もあります。バクテリアの多い泥の中にいても、いっこうに皮膚が侵されないのはこのため。
抗生物質がなかった時代は、オデキや傷を負ったりすると、ドジョウを背開きにして、皮のほうを傷口に張りつけて治したそうです。

天然記念物のカブトガニからつくられる薬って？

瀬戸《せと》内海《ないかい》に棲むカブトガニは、その名の通り、カブトのような形をした奇妙な動物で、剣のような長い尾を含めると、体長は約八〇センチに成長します。カニという名がついてはいるものの、分類上はクモに近い節足《せっそく》動物です。

食用にならないばかりか、漁師の網にかかると硬い甲羅《こうら》と尾で網を破るので、見つかりしだい殺されていました。

ところがこのカブトガニ、何億年も前の古生代に栄えた三葉虫《さんようちゅう》の子孫で、〝生きた化石〟だということがわかり、今では天然記念物に指定され、保護されることになったのです。

また、カブトガニからエイズに効く薬ができるかもしれないということもわかりました。エイズ研究者の大竹徹《とおる》氏によると、**カブトガニの血球から見つけたタチプレシンという物質に、抗エイズウイルス作用がある**そうです。

今までは、せいぜい肥料にしかならなかった役立たずのカブトガニから、ひょっとしたら人類を救う薬ができるかもしれないなんて、いったい誰が想像できたでしょう。

3章

酒を飲んだあとに頭痛がするのはなぜ?

【心と体】雑学

血液型は日本だと四種類、ヨーロッパだと六種類!?

ＡＢＯ型の血液分類による性格判断、いまだにその人気は衰えていないようです。血液と性格の遺伝子は連動していませんので、血液型だけで性格が決まるということはないはずですが、妙に当たっているような感じがするからでしょうか。

ところで、ＡＢＯ型の血液分類は、日本ではＡ、Ｂ、Ｏ、ＡＢの四種類ですが、ヨーロッパでは六種類に分けています。えっ、ほかに何型があるの？　とびっくりするかもしれませんが、**Ａ型がＡ１型とＡ２型の二種類に分かれている**のです。したがって、ＡＢ型もＡ１Ｂ型とＡ２Ｂ型に分かれます。それで、六種類になるのです。

日本人はほとんどがＡ１型ですが、ヨーロッパでは四対一の割合で、Ａ２型の人が圧倒的に多いそうです。

それでは、血液型占いのほうも六種類に分かれるのか、といえば……残念でした、そもそも血液型占いがあるのは日本だけなのです。

なぜ大人より子どものほうが暗記ものに強い？

子どもとトランプの「神経衰弱《すいじゃく》」をやって、負かされてしまったお父さんも多いのではないでしょうか。複雑な脳の働きは子どもより大人のほうが発達していますが、神経衰弱のように脈絡のないものの暗記は、子どもにかなわないことがあります。

子どものほうが脳の中身が少ないので、ものを覚えやすいからだ、ともいわれるようですが、果たしてそうなのでしょうか。

実は「神経衰弱」をするとき、子どもと大人とでは覚え方が違います。**子どもは、トランプの配置を直接、地図のように頭の中に入れますが、大人は、理屈っぽく脈絡をつけてパターン化して覚えようとします。**たとえば、「上から一段目で右から三枚目がハートのキングで、一つおいて隣が……」という具合です。

そうすると情報量が膨大になって、短時間ではとても頭に入りきらなくなります。またそれによって、パターン化して覚えようとする脳の働きも抑えてしまいます。それで、大人は子どもよりも「神経衰弱」に弱いのです。

八時間眠る人と六時間ですむ人とはどこが違う?

世の中、五~六時間しか眠らなくても元気な人がいますが、八時間以上眠らなければ頭がボーッとしてしまう人もいます。

この違いは、どうして生まれるのでしょうか。

実験によると、ぐっすり熟睡している時間は、睡眠時間が長い人でも短い人でも違いはなく、むしろ、眠りの短い人のほうがいくらか長い傾向があるそうです。ということは、**睡眠の短い人は、量を質でカバーしている**ことになります。

それならいっそのこと、熟睡以外の睡眠時間をできる限り減らして活動にまわしてしまえば有効なのでは、とも思えますが、熟睡以外の睡眠を減らすと、何日かあとに「はね返り現象」が出て、結局そこで長時間の睡眠をとることになります。

平日には五時間そこそこしか眠らないのに、週末には昼頃まで寝ている、という人が多いのも、こんな根拠があるのです。睡眠時間は、そうそう短くできるものではないようです。

睡眠時間と死亡率の関係を調べた調査によると、睡眠時間が七～八時間の人が最も死亡率が低く、それ以上でもそれ以下でも、死亡率は高くなったそうです。ということは、やはりよくいわれるように、七～八時間が適当ということになります。

ところで、かの天才物理学者アインシュタインは一日に一〇時間も眠っていたとか。相対性理論も実はベッドの中で思いついた、と冗談を言っていたそうです。

どうしてお昼ご飯のあとに眠くなってしまうのか？

昼休みにランチを食べ終わったあと、頭がボーッとして眠くなることがあります。「お昼にあんなに食べなけりゃよかったな」なんて後悔しても、もうあとの祭り。ただひたすら、睡魔と闘うのみです。

でも、このように眠くなるのは、おなかがいっぱいになったせいばかりではありません。**人間の体のリズムとして、夜一回しか寝ないことのほうが不自然なのです。**

社会的な時間の拘束がない状態で数十日間生活して、人間本来の生活パターンを調べる実験をすると、夜に一回本格的に眠り、昼食後にまた一回昼寝をするというパターンを自然に繰り返すようになるそうです。

昼ご飯を食べたあとに眠くなるのは、自然の欲求なのです。というより、昼寝もしないで働くほうが、そもそも不自然なのです。そういえば、世界的にみると昼寝の習慣がある国も、案外多いのです。

私たちの体は、社会生活を送るためにかなりの無理を強いられているようです。

春に眠くなるのは「冬眠」習慣の名残《なごり》!?

春になると、こっくり、こっくりと舟を漕ぐ人の姿が目立ちます。春は寒さも緩み、のどかで、うたた寝には最高の季節。ついまぶたが重くなります。

しかし、春にうたた寝が多いのは、気候がいいことだけが理由ではないようです。一説によると、それは、冬眠から目覚めたために生じる反動なのだそうです。

冬眠といえば、クマやヘビを思い出します。彼らは穴に閉じこもり、じっと眠ったままで冬を越します。

しかし、私たち人間は冬の間も起きたままで、せっせと働いたり勉強したりしています。それが冬眠の反動であるとは、どういうわけでしょうか。

実をいうと、私たち人間も冬眠こそしませんが、体のほうは冬眠する態勢に入っているのです。たとえば、冬になると人間の毛細血管は、他の季節のときに比べて縮まります。これはエネルギーの消費を抑え、蓄えることで、冬眠に備えようとするものです。

そして、春が来るとその態勢が解除され、毛細血管が全開になり、エネルギーがどんどん供給・消費されるようになります。その疲労のために、春先は特に居眠りしがちになるのだそうです。

この私たちの**体の冬眠現象は、ヒトに進化するずっと以前の、まだ冬眠の習性があった頃の名残**といわれています。

年をとると、どうして早起きになる？

「最近、妙に朝早く目が覚めてしまって……」とうっかり口を滑《すべ》らそうものなら、「老化現象の表われだね」などとからかわれてしまいます。よく、お年寄りは早起きといいますが、どうしてなのでしょう。

これは、一日の睡眠と覚醒のリズムが、年齢とともに変わるためです。

新生児は、一日の三分の二を眠って過ごします。赤ちゃんの頃は、数時間ごとに睡眠と覚醒を繰り返しますが、発育するにつれてだんだんと睡眠は夜に集中するようになり、総睡眠時間も減ってきます。小学校に上がる頃になると、総睡眠時間はまだ大人よりは長いものの、睡眠のリズムは大人と同じ夜一回型になります。

年齢が上がって老人になると、また一日何回も睡眠をとる幼児のときのリズムに戻っていきます。でも、睡眠の量も質も、もはや幼児のときとは違っています。総睡眠時間も幼児ほどは多くなりませんし、質のほうも、深い眠りが減って浅い眠りが多くなります。

そのため、年をとるにつれて朝のちょっとした物音でもすぐに目が覚めてしまい、早起きになるのです。

ストレスの多い人ほど、よく夢を見る？

人は、どういうときに夢を見るのでしょうか。

前にもふれましたが、夢を見るときのメカニズムには、レム睡眠、ノンレム睡眠が関係しています（172ページ）。人は七〜八時間の睡眠のうち、ノンレム睡眠とレム睡眠を何回か繰り返しますが、夢を見るのはレム睡眠のときだけです。

レム睡眠のときにはいつでも夢を見ていますが、その**夢を覚えているのは、夢を見たあとの約八分だけ**だそうです。この間に目が覚めれば覚えているのですが、そのまま眠り続けてしまえば、夢を見たことすら忘れてしまいます。だから、浅い眠りから深い眠りへすぐ移行して熟睡してしまうと、夢を覚えていないのです。

また、レム睡眠が長くなると夢を見ている時間も長くなります。眠る時間が長ければばレム睡眠の長さも延びますが、**同じ時間寝ていても、強いストレスを受けているときのほうが、レム睡眠が長くなる**そうです。それに、ストレスを受けているときにはウツウツとしてよく眠れず、目が覚めやすいということもあります。

そういえば、テストの前とか、仕事がうまくいかないときとか、ふられたときとか、嫌なことがあったときによく夢を見たな、と思い当たりませんか。

アメリカで行なわれた実験でも、夢をあまり見ない人というのは、楽天的で自我があまり強くない人という結果が出ているそうです。

寝言は夢を見ているときばかりではない！

寝言は、夢の中でしゃべっていることが声になって出ているものだと思いがち。でも実は、必ずしもそうではないそうです。

夢を見るのはレム睡眠中に限られていますが、寝言のほうは、レム睡眠中でもノンレム睡眠中でも発します。

レム睡眠中の寝言とは、つまり夢の中での言葉です。夢の中で何かしゃべっているときには脳の言語をとりしきる部分が働いていて、寝言を言う言わないにかかわらず、のどや舌の筋肉が動いています。

また、夢の中での会話では、声の調子は感情的になりがち。ですから、うなされたり叫んだりするのはレム睡眠の寝言です。

一方、ノンレム睡眠の寝言のほうは、声の調子も大きさも、起きているときとほぼ変わりません。よく小説やテレビドラマで、あらぬ人の名を寝言で言ってしまい浮気がばれるというのがありますが、それはこちらの寝言でしょう。寝言で家庭不和を招かぬよう、くれぐれもご注意を。とはいっても、注意のしようもないのですが。

人間の体内時計は「一日二五時間」！

ほとんどの人は、毎日ほぼ同じ時間に起きて昼間働き、正午頃に昼食をとり、日没後に夕食をとって夜半近くに寝るという二四時間のリズムで過ごしています。地球が二四時間周期なのだから、それに沿って二四時間の生体リズムで過ごすのは当然という気がします。

しかし、実はこれが当然ではないのです。

外の光がまったく入らず昼も夜もわからない部屋で、社会と切り離された生活をする実験をすると、一日のリズムはだんだん延びていき、**人は二五時間周期で生活を繰り返すようになるそうです。**これについては、人類の祖先である原初生物が陸上に進出した頃、地球の一日が二五時間だったからだという説を唱える学者もいます。

真偽のほどはわかりませんが、人間の体内時計だと、一日は二五時間なのです。

当然と思っていることでもよく調べてみると、まさかと思うような事実があるものです。

虫歯の「虫」の正体とは?

「虫歯になる」といいますが、本当に〝虫〟が歯を食っているのでしょうか。また、どのようにして虫歯になるのでしょうか。

でん粉や糖を含む食べもののかすが歯について歯垢《しこう》になると、そこに細菌が棲みつきます。

歯垢を四〇〇倍くらいの顕微鏡で見ると、細菌がウヨウヨ動きまわっているのが見えます。

この細菌は、活動すると乳酸を出します。この乳酸が、歯の表面のエナメル質を溶かすのです。溶けてできた穴は細菌のかっこうのすみかとなり、入り込んだ細菌はエナメル質の下の象牙質《ぞうげ》をも溶かしだします。

このようにして、細菌は歯をどんどん溶かしていき、放っておけば歯ぐきだけしか残らなくなってしまうのです。

細菌が直接、歯を食べているわけではありませんが、**虫歯の〝虫〟の正体は細菌**でした。また、この細菌が歯と歯ぐきの間に入って炎症を起こすと、歯肉炎や歯槽膿漏《しそうのうろう》になってしまいます。

なぜヨーロッパ人はアジア人よりも酒に強い？

欧米人は日本人よりアルコールに強いといわれていますが、**たくさん飲めるというよりも、飲めない人がいない、飲んでもあまり悪酔いしない**ということのようです。

アルコールは、体内でアセトアルデヒドという有害な物質に変わります。これを分解して酢酸《さくさん》に変える働きを持つ酵素を、ヨーロッパではほぼ一〇〇パーセントの人が二種類持っています。

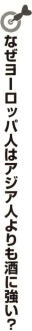

他方アジアでは、この酵素を一種類しか持っていない人が半数を占めています。酒が飲めない人というのは、酵素を一種類しか持っていなくて、アセトアルデヒドを体内に蓄積してしまう人なのです。

ヨーロッパ人がアルコールに強くなったのは、歴史的な事情も背景にあるといわれています。ヨーロッパでは昔、冬場に蓄えてあった麦がよく発酵してアルコール分が発生しました。しかし、そんなビールのようになった麦でも、食糧が十分にない状況では食べないわけにはいきません。赤ちゃんだって、ビールで煮たようなお粥を毎日食べさせられました。当然、アルコールに弱い子どもは生きていけなかったのです。このようにして、しだいに下戸《げこ》が淘汰《とうた》されてしまったため、ほぼ一〇〇％の人が酒に強くなったと推測されています。

酒を飲んだあとに頭痛がするのはなぜ？

酒を飲んで酔いが醒《さ》める頃、頭がズキズキと痛くなってくることがあります。酒を飲むたびに、必ず痛くなるという人もいます。

これは、**アルコールによって拡張した血管が、酔いが醒めるとまた元通りに収縮してくるため**です。しかもご丁寧なことに、鼓《こ》動《どう》に合わせてズキンズキンと痛みます。

たばこの煙がモウモウと立ち込める部屋で会議をすると頭が痛くなることがありますが、これは反対に血管が拡張するときに感じる痛み。二酸化炭素を大量に吸い込むので血液中の二酸化炭素の量が増え、血管が拡張するのです。人ごみや映画館での頭痛も、同じ理由から起きています。

また、精神的ストレスも、血管を収縮させて頭痛を起こすそうです。悩みごとがあるときに「ああ、頭が痛い」というのも、言葉だけのことではないのです。

「二日酔いには迎え酒が効く」のうわさの真相

二日酔いには迎え酒が効くといううわさがあります。実際、朝少し飲んだらすっきりしたという人も多いでしょう。

でもこれは、決して迎え酒が効いているわけではありません。**朝飲んだ酒が脳の中枢神経を麻痺させて気分をよくする、麻薬のような作用が働いているだけ**なのです。

これで一時的には二日酔いの気分の悪さから逃れられますが、その原因となっているアセトアルデヒドをさらにつくることになり、何時間かすれば、気分の悪さは倍増してしまいます。また、肝臓に追いうちをかけて痛めつけることになるので、迎え酒は体を壊すもとです。

二日酔いというのは、何も食べられなくなるくらい気持ち悪いことをいうのだと思いますが、これを解消するために勧めるとすれば、果物がいいでしょう。果物の中のタンニンやペクチンが血中のアルコール濃度を抑え、果糖やブドウ糖がアセトアルデヒドの分解を促進するからです。

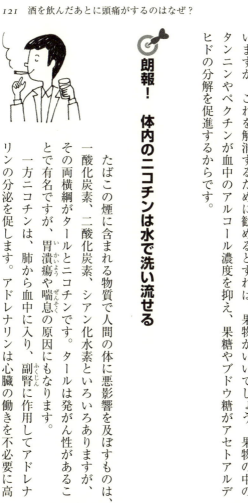

朗報！　体内のニコチンは水で洗い流せる

たばこの煙に含まれる物質で人間の体に悪影響を及ぼすものは、一酸化炭素、二酸化炭素、シアン化水素といろいろありますが、その両横綱がタールとニコチンです。タールは発がん性があることで有名ですが、胃潰瘍《いかいよう》や喘息《ぜんそく》の原因にもなります。

一方ニコチンは、肺から血中に入り、副腎《ふくじん》に作用してアドレナリンの分泌を促します。アドレナリンは心臓の働きを不必要に高め、血液を固まらせたり血管を収縮させたりするので、動脈硬化や心臓疾患を引き起こします。

ところが幸いなことに、ニコチンは水に溶けやすいという性質があります。血液によって腎臓に運ばれたニコチンは、大量の水で洗い流して、できるだけ早く体外に排出してしまえばよいわけです。ですから、**たばこを吸う人は食事のときに牛乳や味噌汁を必ずつけるとか、薄いお茶を大量に飲むとかして、できるだけ大量の水分をとれば、排出されるニコチンの量が増えます。**

また、禁煙を励行《れいこう》している人も、一日にコップ七～八杯の水を何日か飲み続けると、ニコチンが早く体から抜けるそうです。

たばこ四本で、一日分のビタミンCが水の泡!?

たばこのニコチンは、多くのビタミンCを破壊します。

厚生労働省が推奨しているビタミンCの摂取量は一日一〇〇ミリグラムで、これはごく平均的な食事をしていれば、十分に摂れる量です。

ところが、**たばこを一本吸うと二五ミリグラムのビタミンCが破壊されるのです。一日に四本吸えば、推奨摂取量を満たしたとしても、水の泡となってしまいます。**

ビタミンCは、風邪の予防から糖尿病、動脈硬化、アレルギーの改善、肝炎にまで効果があるといわれているようですが、一本につき二五ミリグラムも破壊されてはたまりません。

一日四本以上たばこを吸っている人で、肌が荒れてしみができたり、疲れやすかったり、関節や筋肉の痛みがあったりしたら、ビタミンC欠乏症です。たばこをやめるか薬を飲むかしないと、命を縮めることになってしまうかもしれません。

「気分のいいこと」でも、ストレスの原因になる！

仕事、対人関係、通勤ラッシュ……私たちは、毎日さまざまなストレス因子《いんし》に囲まれて生活しています。しかし、ストレスの原因となるのは、こうした精神的、肉体的な苦痛ばかりではありません。いわば、人間を取り巻く環境のすべてがストレスの因子と考えるべきで、時には、苦痛と感じていないものでも、体にとってはストレスになっていることがあるのです。

たとえば、ヘッドホンステレオのボリュームを目一杯に上げて音楽を聞くのが好きな人がいます。本人はそれが心地よいと思っているのでしょうが、体のほうは違います。いくら名曲であっても、**過度の刺激は、ストレスとして作用する**のです。

そして、この習慣が長く続くとそのストレスに耐え切れず、やがて難聴という症状さえもたらします。

それだけでなく、ストレスに対する防衛作用として、体はたくさんのビタミンB_1やCを消費するので、ビタミン不足を招く恐れもあるのです。

ビタミンB_1は「精神的ビタミン」ともいわれるように、神経組織や精神状態に与える影響が大きく、不足してくるとイライラしたり気分がふさいだり、いわゆる内閉的な傾向が表われたりします。

ストレス解消でやっていることも、逆効果になることがあるというわけです。

「低血圧だから朝が弱い」はウソ！

低血圧の人はお得です。「低血圧だから朝起きられなくて……」と言いわけできますから。そう言われると、血が頭にまわらなくてボーッとしているから起きるのがつらいんだろう、と誰しも思いますが、果たして本当に、血が頭にまわらないために起きられないのでしょうか。

睡眠からの目覚めは、いくつかのホルモンが働き合って起こります。アドレナリンが心臓を強く働かせたり、ノルアドレナリンが動脈を収縮させたりと、脳下《のうか》垂体《すいたい》の命令で何種類もの副腎皮質ホルモンが分泌され、それぞれ内臓に働きかけるのです。これらの**ホルモンのバランスが崩れれば目覚めが悪くなりますが、血圧とは直接何の関係もありません。**

しかし、低血圧の人は血の巡りが悪いので、ホルモンのバランスを崩している可能性が高いのも事実。それで、「低血圧で朝起きられなくて」ということになります。

だから、高血圧の人でも「血圧は高いんだが、低血圧の人によくあるようにホルモンのバランスを崩していて、朝が弱いんだよ」と言えば正しいのですが……かなり言いわけがましいですね。

血圧は夏に低くなり、冬に高くなる！

健康診断の日には、高血圧と言われるのが恐ろしくて、朝からできるだけ体を動かさないようにじっとしている人もいることでしょう。確かに、運動をすると血圧は上がりますが、緊張しても血圧は上がります。また、階段を踏み外して驚いたときなど、一瞬のうちに一〇〇ミリも上がってしまうこともあります。

そのほか、**気温によっても血圧は変わります。暑いときには血圧は下がり、寒いときには上がります。**したがって、一日のうちでは早朝にいちばん高くなり、日が昇るにつれて血圧は下降します。そして、床《とこ》に入って眠りにつく頃に最低となります。

一年を通してみると、夏には血圧が低くなり、冬には高くなります。

これは、暑いときには体熱を放出しようとして血管が拡張するためです。血管が広がると血液が流れやすくなり、血圧が下がります。逆に冬は、体熱を逃さないように血管が収縮して血液の流れが悪くなるために、血圧が高くなるのです。

日本人が胴長短足なのは「寒さに耐える」ため？

一〇〇メートル競走も世界大会となると、九秒台を出さないと優勝はおろか、メダルや入賞も難しいという時代になってきました。

しかし、この華やかな新記録合戦を繰り広げているのはほとんど黒人や白人の選手で、日本人をはじめとした黄色人種は差をつけられる一方。このように、短距離走に黄色人種が弱いのは、胴長短足という独特の体型が原因であるといわれています。

ではそもそも、なぜ黄色人種だけが胴長短足なのでしょうか。

その理由として有力視されているのは、**人類の祖先たちが徐々**

に生活圏を拡大していった中で、寒冷地に向かったのが黄色人種の祖先たちだったからだという説です。

寒さに耐えるには、体外への熱の放出を抑えることが第一。それには、手足や首、鼻、耳など、胴体から突出したロスの大きい部分は少ないほうがいいのです。ならばと、寒さに体が自然に順応していった結果、のっぺりした顔つきで胴長短足の、現在の私たちの体型がつくられたというわけです。

理論上、人間は一二〇歳まで生きられる!?

平均寿命が延び、今では一〇〇歳を超えても元気なお年寄りが大勢います。いったい人間は、何歳まで生きることができるのでしょうか。

動物ごとに、ここまで生きることができると考えられている最高寿命を、限界寿命といいます。

哺乳動物の場合、限界寿命は、体重とカロリーの消費量によって決まると考えられています。また、一般には、その動物が性的に成熟するまでの期間の六倍を目安として計算されています。

これによると、人間の場合は、生物学的に見て成熟するのに要する期間は約二〇年なので、**一二〇歳というのが私たちの限界寿命**ということになります。

しかし、これはあくまでも〝平均〟であり、すべての人が一二〇歳を超えられないということではありません。

ところで、この限界寿命は、医学会では目標年齢とされています。平均寿命を一二〇歳にすることが医学の使命とされているのです。

脳の柔らかさは豆腐と同じくらい！

人間の体は、六〇～七〇％が水分でできています。といっても、水浸しのスポンジのように均一に含まれているわけではなく、それぞれの組織や器官によって含まれる水の量は異なっています。

その中で、最も水分の少ないのは骨ですが、では、一番水分が多いのは何だと思いますか。

血液？　ノー。正解は脳です。

血液も水分を多く含んでいますが、その量は約八〇％。ところが、脳には八五％もあるのです。これは、脳細胞が十分に働くには、液体に浮いている状態が必要なためだろうと考えられています。脳のことを脳味噌と呼ぶことがありますが、実際の味噌の水分量はおよそ五〇％で、脳とは比べものになりません。

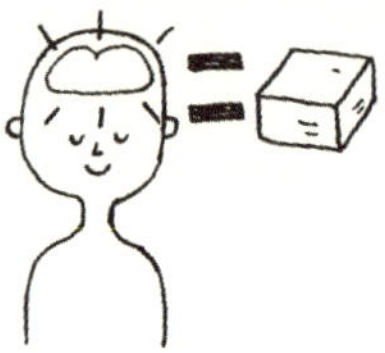

では、**脳と同じくらい水分を含む食品は何かというと、何と豆腐**なのです。
豆腐の水分量は八八％ですから、脳とほとんど差がないといえます。

二足歩行への進化が、人間のセックスを変えた？

直立して二本足で歩くように進化した人間は、進化前（四本足で歩いていたとき）

とは骨格に違いがあります。最も大きな変化をしたのが、体の要《かなめ》である骨盤、つまり腰の骨格です。

直立姿勢では、上体の体重はすべてこの骨盤にかかってきます。その重さを受け止め、なおかつ両足が自由に動くようにバランスを取らなければいけないわけです。

この責任重大な役割を全《まっと》うするために、ヒトの骨盤は全体にコンパクトになり、サルに比べると著しく高さが縮まったものに変化しました。

この変化は、最古の猿人（ルーシーと呼ばれている）にも認められます。骨盤がこのように変化することで、はじめてヒトは自由に腰を動かせるようになったのです。

こうして**腰が自由になったことが、ヒトのセックスをサルのものとは違うものに変えました。セックスの体位が自由になった**のです。

また、直立したことによって、サルの時代とは尻の重要性も変わってきました。四本足のときは、体で最も目立つ位置であることもあって尻の性皮《せいひ》（皮膚が露出した部分）が発達し、赤く色づいて発情を知らせる重要な役割を担っていました。しかし、直立姿勢では尻はそう目立つ位置ではなくなるため、性皮は消失します。

直立姿勢はさらに、生殖器の位置をより前方に移動させました。これも、真っすぐに立ったことで、後ろ側よりも前側にあったほうが都合よくなったからでしょう。それらの変化が重なって、ヒトは対面性交をするようになったのです。

なぜ人間の女性だけ立派な乳房《ちぶさ》があるの？

これほどまでに優しげで魅力的なものはないと思える形をしている、女性の乳房。乳房の役割とは、子に乳を含ませること。だとすれば、哺乳類ならどの動物のメスも立派な乳房を備えていていいはずですが、なぜか、豊かでふくよかな乳房を持っているのは人間だけ。哺乳動物のほとんどは、ちょこんと乳首が並んでいる程度のものしか持っていません。しかも、それで立派に子を育てています。

では、人間だけがどうしてそんなに大きいのでしょうか。お乳をたくさん蓄えているからと思いたいのですが、残念ながらそうではありません。あのふくらみの九割は脂肪で、授乳の機能とは無関係な、いわば装飾的な存在としかいえないのです。

人間の乳房は、**授乳のためというよりもセックスアピールのために、より重要な役割を担っている**と考えられています。

四本足のときは隠れていた胸部が、直立二足歩行をすることによって目立つ存在になりました。発情期を失い、常に男性を引きつけておかないと種の存続が図れなくなった女性にとって、これを活用しない手はありません。ということで、長い年月のうちに、豊満でセクシーな乳房になったというわけです。

激しい運動ほどダイエット効果は出ない!?

ダイエットに最もいい方法の一つに、スポーツがあります。

ところが、「ずっとスポーツを続けているけれど、いっこうに体重が減らない」と嘆く人がいます。おそらくこう嘆く人たちのほとんどが、かなりハードなスポーツをしているはず。激しく体を動かすほうがダイエットにいいと信じているのでしょうが、それが逆に、やせなくさせているのです。

ダイエットの目的は、皮下脂肪を落とすことです。つまり、皮下脂肪を消費させるように、筋肉に刺激を与える運動をすることが必要なわけです。

そのためには、持続的に緩やかに筋肉を動かしてやることが必要です。これだと与えられる刺激が弱いので、筋肉はエネルギーをそう多く必要とはしません。しかし、**運動することで心臓が刺激を受け、より多くの皮下脂肪が燃焼されることになります。その結果、筋肉に酸素が多く届けられ、それによって、血行がよくなります。**

ところが、筋肉に激しい刺激を与える運動は、皮下脂肪を燃焼させるという悠長《ゆうちょう》なやり方ではなく、直接エネルギー源のグリコーゲン（動物性のでん粉多糖類の一種）を消費させてしまいます。そのため、運動量は多くても、それが皮下脂肪の燃焼には結びつかず、いつまで経ってもやせないわけです。

エアロビクス（有酸素運動）という言葉がありますが、これは減量のため効果的に酸素を消費させる運動の総称。ジョギング、ウォーキング、水泳、サイクリングなどが代表的な種目です。

エアロビクスは医学的に、一回に一〇分以上、最大心拍数の七〇％程度の運動を、二日に一回の割合で行なうといいといわれています。額に汗がにじみ、心臓がドキドキして、ややきついかなと感じられるぐらいが目安です。

緊張するとトイレが近くなるのはどうして？

大勢の人の前で話さなければならないときやテストの前など、緊張すると、なぜか何度も何度もトイレに行きたくなることがあります。緊張がさらに緊張を呼んで、一〇分おきくらいに行きたくなってしまうこともあります。

なぜ、緊張するとトイレに行きたくなるのでしょう。

実は、緊張すると、脳や体の機能がチグハグになってしまうからなのだそうです。

体には、意思とは関係なく働く自律神経があります。自律神経には、交感神経と副交感神経があり、交感神経は、体が活発に動くときに、心臓の動きを速くしたり筋肉を緊張させたりし、副交感神経は、体が休んでいるときに内臓の働きを活発にします。

普通、この交感神経と副交感神経は、どちらかが働いているときにはどちらかが休んでいます。ところが、緊張するとこのメカニズムが狂って、両方の神経が興奮してしまうのです。**交感神経が興奮すると、ドキドキして血液の循環が速くなります。その上で副交感神経まで興奮するので、腎臓や消化器の働きも活発になってしまい、それで、緊張するとトイレが近くなる**のです。

いくら練習しても、人間の声は低音域には広がらない！

普通、私たちが出せる音域は、広い人でも二オクターブだといわれます。

ところが、オペラ歌手のようなプロには、三オクターブの人はざらで、中には四オクターブ以上という音域を誇る人もいます。この違いは、もちろん訓練によるもの。

声帯は靱帯《じんたい》の一種で、肺からの空気で振動して声を出すようにつくられたものです。脚などの靱帯は鍛えるほど強くなるものですが、声帯も同じで、練習次第で音域を広げることは可能なのです。

ところで、広音域を誇るプロの歌を聞いていて、何か気づきませんか。

実は彼らにしても、高音域だけが広がっていて、低音域は元のままなのです。**声帯というのは、振動する部分を短くしたり細くしたりして高い音を出すことはできますが、持って生まれたもの以上にその長さや太さを増すことはできません。**このため、どんなに訓練しても低音域を広げることは不可能なのです。

焦げた食べものは薬の効きを悪くする！

たいていの薬は食後に服用と指定されていますが、問題はその食事です。**焦げたパンや魚を食べると薬が効かなくなってしまう**ことを、知っていましたか？

なぜかというと、パンや魚が焦げてできた活性炭が、薬の粒子を吸収してしまう恐れがあるからです。

活性炭の表面はデコボコしていて表面積が大きく、小さな粒子を吸着する性質を持っています。これを利用したのが、冷蔵庫の脱臭剤や浄水器です。

そんなに大量にお焦げを食べるわけではないので、そう神経質になることはないのですが、やっぱり用心したほうがいいでしょう。

静脈と動脈で血液の色は違う。でもどうして？

健康診断の血液検査で血を抜かれたとき、あまりのどす黒さにびっくりしたことはありませんか。あれは、静脈から血を採るからです。動脈の血はもっと鮮やかな赤い色をしているので、ご安心ください。

でも、どうして静脈と動脈で血の色が違うのでしょう。

血の色は赤血球の色です。赤血球の中に含まれていて体中に酸素を運ぶ働きをするヘモグロビンが赤い色をしているために、血は赤く見えるのですが、**このヘモグロビン、酸素をくっつけているときと酸素を放したときとでは色が違います。**

酸素とくっついたときには、鮮やかな赤い色になり、酸素を放したときには赤紫色になります。ですから、体中に酸素を運ぶ働きをしている動脈の血はきれいな赤い色になり、静脈の血は黒っぽい色になるのです。

ところで、ヘモグロビンがくっつくのは酸素だけではありません。一酸化炭素には酸素の三〇〇倍もくっつきやすく、しかも、くっついたらなかなか放しません。一酸化炭素が含まれている空気を吸うと、ヘモグロビンは酸素よりも一酸化炭素とくっついてしまい、やがて体は酸素不足に陥ります。これが一酸化炭素中毒です。

昔、くしゃみは「死の前兆」だった！

急にくしゃみが出るようになると、せいぜい「風邪の引き始めかな」と思うくらいで、たいして気にとめることもありません。ところが昔は、これがとても不吉なこととして恐れられていたのです。
医学や病気の知識が現代よりずっと乏《とぼ》しい時代のことです。突然、大声で「ハックション！」と出るくしゃみは、何かモノノケ

に取り憑《つ》かれたようで、不気味でそら恐ろしいものだったのかもしれません。それに医療技術も発達していなかったために、くしゃみをしていた人が風邪をこじらせて死亡することも多かったのでしょう。

そんなことから、くしゃみをすると一緒に霊魂《れいこん》が飛び出してしまい、死に至ると信じられていたようです。

では、そんな恐ろしいくしゃみをしてしまったとき、昔の人たちはどうしたのでしょうか。

鎌倉時代に書かれた随筆『徒然草《つれづれぐさ》』には、尼《あま》が「みちすがら『くさめ、くさめ』と言ひもて行きければ」とあります。くしゃみが出て大変だというので「くさめ、くさめ」と災い除けのまじないをしながら尼さんが歩いていったという意味です。

これでわかるように、**ひたすら呪文を唱え、死が襲ってこないよう祈っていました。**

くさめは休息命《くそくみよう》が訛《なま》ったもの、そして、このくさめが変化して、現在のくしゃみという言葉になったという説があります。

「胃の調子がよくないから食欲がない」はウソ！

胃を切除すると、食欲が減ると信じている人がいます。また、食欲不振が胃の調子のせいだと思い込んでいる人は、さらに多いようです。

胃は、空腹になると痛くなったり音を出したりするので、食欲と関係があると思われているようですが、それは間違い。**胃が空腹を訴えるのは大脳に指示されたから。つまり、食欲をコントロールしているのは大脳**なのです。

大脳の視床下部に、満腹中枢と空腹中枢からなる食欲中枢というものがあり、それが神経系やホルモン系と連係し、私たちの体の消化システムを総合的に管理しているのです。

満腹中枢と空腹中枢は、その名の通り、血液中の糖の量からそれぞれ満腹、空腹を専門にキャッチする機能を持っています。

仮にそのどちらか一方、たとえば空腹中枢が故障したとします。すると、その人はどんなにお腹がすいても満腹感しか感じず、食欲がなくなってしまいます。

その代表例が「拒食症《きょしょくしょう》」（神経性食欲不振症）です。女性に多く、食事をまったく受けつけないかと思うと、突然暴食をして、そのあとで食べたものを全部吐いてしまうというもの。その原因は、心の奥に〝太りたくない〟という思いが強くあって、それが食欲中枢を狂わせていると考えられています。

年をとると、昔のことしか思い出せなくなる不思議

記憶というと、古いものは思い出せなくて、新しいものほどよく覚えているのが普通です。

ところがよく、年をとると昔のことは覚えているものの、最近のことは忘れやすくなるといいます。年をとれば誰でも脳が老化し、記憶力は減退します。とすれば、古い記憶から忘れ去っていくのが順序じゃないかと思えますが、実際はどうもそうではなく、新しいことを忘れてしまうようです。

これは、記憶力が〝三つの能力〟によって構成されている、ということで説明でき

ます。

その三つとは、昔のことを覚え続けている「保持力」、新しいことを覚える「記銘《きめい》力《りょく》」、必要な記憶だけを取り出す「想起力」です。

人によってばらつきがありますが、若いうちは、これらが三つとも活発に働いています。しかし、**年をとると保持力はそのままでも、記銘力と想起力の二つの能力がどんどん低下していってしまう**のです。

新しいことを記憶する力が失われると同時に、前に覚えていたことを思い出そうとしても、それを取り出す力もなくなってくる。残されているのはただ、強烈な印象を持った昔の記憶だけというわけです。

「爪を噛むと気分が落ち着く」は本当だった！

爪を噛むくせのある人がいます。よく見ていると、緊張しているときや仕事が詰まっているときなど、神経質になっているときに、やたらと爪を噛むようです。

東洋医学的に説明すると、このくせは自然の理《ことわり》にかなった行為なのだそうです。なぜかというと、**指の先には、神経を鎮めてストレスを和らげるツボがあるからなのです。そこを歯でコリコリ刺激して気を鎮めている**わけです。

このツボは、小指と中指の先に二カ所あります。小指の先は小衝《しょうしょう》といって、爪の先と薬指側の爪の生え際の二カ所です。中指の先は中衝《ちゅうしょう》で、やはり爪の先と人さし指側の爪の生え際です。

神経が高ぶって落ち着かないときやイライラするときには、そこをもみほぐすようにすればいいわけです。どこででも簡単にできますから、なかなか便利です。

そういえば、何と天下の徳川家康にも、爪を噛むくせがあったそうです。

人はどうして死ぬの?

人にはなぜ寿命があるのでしょうか。

昔からいわれてきたのは、**寿命は人類という種の保存のために必要だ**というものです。もし、寿命がなければ、人間は何年でも生きることになるわけですが、それでは世代交代がスムーズに行なわれません。生物は世代交代を繰り返しながら、その間に進化し、新しい環境に適応し、種全体が生き延びてきているのです。だから、世代交代がなければ、ある時点まではいいとしても、急激な変化に対応できなくなり、種全体が滅亡してしまうことにもなりかねません。

恐竜は、寿命が長すぎ、世代交代に失敗して滅んだという説もあります。

別の観点からの意見もあります。

それは、ＤＮＡに寿命がちゃんと書き込まれているからだとする、生命科学からの主張です。これまでの研究で、人の細胞はどんなにうまく培養しても、五〇回以上は絶対に分裂しないことが明らかになっていますが、これは細胞に寿命があることを意味しているわけです。

平均寿命はこのところ延び続けていますが、最長寿命はずっと昔から一〇〇～一二〇歳のまま。どんなに平穏無事に年をとっても、あるいは将来科学がどんなに進歩しても、これは変わらないと考えられています。

4章

どうして女性のほうが長生きする?

【男と女】雑学

男の人口と女の人口の不思議

男女の人口比率が、だいたいどの時代でも一対一になっているのはどうしてか――考えてみると、不思議なものです。

もちろん、女の子ばかりの家庭もありますし、男の子ばかりの場合もあります。また、年齢別に見ると、女性が長寿のため、高齢層では女性の比率が大きかったりします。

しかし、視野を世界に広げて、すべての年齢層を大局的に眺めると、やはり男女の比率は一対一に近い数字になっているのです。

その理由は、男子が誕生する精子と女子が誕生する精子の比率が一対一だから、と説明されています。厚生労働省の調査によると、実際に生まれるのは女子より男子のほうが少し多いそうですが、これは生物的に男子のほうが育ちにくいとされるため、それを数で補おうとして女子より多く生まれるということ。自然の摂理はうまくできているのです。

ただ、**日本などの先進国では、医療の進歩で乳児死亡率が極端に低くなっており、そのために男子の人数が増え気味**だとか。それが結婚適齢期の男性の「結婚できない現象」の一因となっているわけです。

どうして女性のほうが長生きする？

日本人の平均寿命は、女性のほうが長く、男性と七年近い差があります。その上、この差は年々開きつつあります。日本だけでなく、どこの国でも女性のほうが長生きで、しかも、先進国ほどその差が大きいのです。

この男女の寿命の差は、果たしてどこからくるのでしょう。

諸説ある中でいちばん有力なのは、女性ホルモンと男性ホルモンの違いがこの差を生むという説です。昔、アメリカの精神病院では治療の目的で去勢が行なわれていましたが、同じ施設で**去勢されない患者の平均寿命は五五・七歳だったのに対し、去勢され**

た患者は六九・三歳と、一五年近くも延びたといいます。また、去勢によって寿命が延びることは動物実験でも確認されています。

一方、女性のほうは、卵巣を取り除いてしまうと寿命が短くなるともいわれるため、性ホルモンと寿命との間に何らかの相関関係があることは確かでしょう。

このほかには、ストレス説とか酒・たばこ説とか、女性のほうがいつまでも若く見せたいという精神力で長生きをする、という説もあります。でも、そういう環境の違いだったら、最近は男も女もたいして変わらなくなってきているので、差は縮まってきてもいいはずなのですが。

女性が長生きする本当のところは、まだはっきりとはわかっていないようです。

もともと女性には、母性本能なんてものはない!?

女性には母性本能があるといいますが、どうもこれはあやしいようです。

というのも、フランスの女性の学者、バタンデール氏は、「母性愛は女の本能ではなく、時代の要請でつくられた神話にすぎない」と断言しているからです。

彼女は、一八世紀頃にパリで生まれた二万人の子どもを調査しました。その結果、実の母親に育てられたのはわずか一〇〇〇人ほどで、乳母《うば》任せが一〇〇〇人、残りの一万八〇〇〇人は生まれるとすぐに里子に出され、本当の母親と一生顔を合わせなかったことがわかったのです。

何と、一八世紀のパリでは九〇パーセントもの母親が、実の子を他人に渡して平気でいたわけです。

「こんなに多くの女性が自分の産んだ子を平気で他人に預けっ放しにするなんて、本当に女性に母性本能があるのならあり得ないはず。もともと女性には、母性本能などないのだ」というのが彼女の論拠。

また、「自分が面倒をみた子に愛情を抱くのは誰しも当然のこと。それを母性本能と呼ぶのは、子どもを他人任せにさせないために、世の男性たちが都合のいいようにでっち上げたものだ」とも言っています。

母親の義務というふうに押しつけられたのなら、男尊女卑的な思想だと逆らえるのですが、本能といわれてしまえば、うかつには反発できません。そのへんの心理を男

性側がうまく利用したのだ、というわけです。

「母親が父親より我が子をかわいがるのは、自分の子という確信が男よりも強いからだ」とアリストテレスは言っていますが、実際のところはどうなのでしょうか。

なぜ「女性には甘党が多い」のか？

女性と男性のどちらに甘党が多いかといえば、断然、女性でしょう。甘いものを前にしたときの目の輝きでわかります。それに、男性が成人すると甘いものに興味を示さなくなるのは一般的な傾向である、ともいわれています。

単なる甘味という味覚にどうしてこんな男女差があるのか、その理由はわかっていません。しかし、これには**男女の性ホルモンが関係しているる**という研究者もいるようです。

順天堂大学の新井康允《やすまさ》氏は、マウスによる実験で次のことを明らかにしています。

・卵巣を取り去ったメスは甘党ではなくなる。

・同じメスに、今度は卵胞ホルモンと黄体ホルモンを注射するとまた甘党になる。
・生まれてすぐに去勢したオスは甘党になった。
・生後五～六日までに、オスの精巣から分泌される男性ホルモン（アンドロゲン）をメスに注射すると甘党ではなくなった。
これらの結果からも、やはり、「甘党」と性ホルモンは関係があるようです。

ヒステリーを起こす男性が少ないのはなぜ？

どうして、ヒステリーは女性にだけ目立つのでしょうか。
医学的な定義では、ヒステリーとは神経症の一種。病気や異常な行動に逃げ込むことで直面している心の葛藤から解放され、代償的に自己の欲求を満足させようとする精神的な状態、とされています。
追い詰められてつぶれてしまいそうな心を、逃避することによって救おうとするもので、精神の破綻《はたん》を防ぐ安全弁の一つとみていいでしょう。とすれば、これは男性にも必要なはずです。ところが男性の場合、女性とは比べようもないほど症例が少なく、あってもほとんどが軽い症状だといいます。

この違いは、男性の社会的な立場がそうさせたのだろうと考えられています。男性は昔から、自分の感情を抑えることが美徳とされ、そうあるように要求されて生きてきました。

自分の感情を押し殺すことが善であるというモラルです。それを植えつけられてきた**男性にとって、ヒステリーで感情を爆発させるのは〝恥ずかしい〟こと。その感情が、ヒステリーに走るのを抑止しているの**だ、というのです。

また、社会的に重要な立場に置かれている責任感もヒステリーの抑止にひと役買っている、といわれています。

しかし、いずれにせよ、せっかくの心の安全弁を捨ててしまうことに変わりありません。当然その代償はあるわけで、それが、女性よりも男性に、自殺者や精神異常をきたす人が多い理由ではないか、といわれます。

面子《めんつ》のために、抑圧から逃避するのを拒んだ男性は、ついに心がズタズタに崩壊するまで我慢し続けてしまうのです。男の悲劇といえましょう。

恋する人は本当に「ビビビ」と電気を起こす⁉

恋は不思議です。何でもない人に触れられても何も感じないのに、好きな人に手を握られると思わず全身がシビレてしまいます。

これは恋する心の作用です。と思いきや、実はちゃんとした体の作用でもあるようです。それを実証する実験が行なわれ、**恋する人の皮膚は強い電気を起こすことがドイツの学者によって確かめられました。**

正確にいうと、恋する人だけではなく、誰の皮膚でも微妙な強さの電気を発しています。この電気の作用で、皮膚は暑いとか寒いといった情報を脳に伝えているのです。

その電気とは、水晶などに圧力を加えたときに起こる「圧電気」と呼ばれるものと、氷砂糖を熱くしたときなどに起こる「焦電気《しょうでんき》」と呼ばれるものの二種類。これらの電気を起こす物質は自然界を探してもそんなにありませんから、人間の皮膚はきわめて珍しい物質といえます。

ドイツの研究者によると、この電気の電圧は温度が高かったり、圧力が強かったりするほど高くなるそうです。恋人同士はドキドキすることで体温が上がっていますから、そんな手でぎゅっと握られると全身がシビレてしまうのは当然というわけです。

プラトニック・ラブの「本当の意味」は？

私たちは、心と心だけの精神的な恋愛（純愛）のことを「プラトニック・ラブ」と呼んでいます。

恋人を欲望の対象としてではなく、理想化し、精神的な結びつきの対象として求めることは、もちろん大人になってもありますが、特に、まだ完全に成長しきっていない、思春期から青年期の初期に多く見られます。

この体験から若者は、相手を愛することや敬《うやま》うこと、理解すること、思いやること、喜び、優しさなど、人間としてより豊かに成長していくのに必要なあらゆることを学ぶわけです。

いや、それだけでなく、若すぎる恋はだいたいが失恋の運命にあるために、挫折《ざせつ》や悲しみも学びます。とにかく、精神的な成長にとっては必要不可欠な、非常に大切な経験であるわけです。

ところで、このプラトニック・ラブという呼び方が、古代ギリシャの大哲学者、プラトンに由来したものであることをご存じでしょうか。

「恋愛は肉欲ではなく精神的な結合を大切にすべきだ」と語っていたことから、プラトン的な、という意味で、純愛をこう呼ぶようになったといいます。

ところが、プラトンの著作には、そうは書かれていないのです。それなのに、なぜこの言葉が生まれたのでしょうか。

純愛は人を哲学的にする、哲学といえばプラトンだ、ということで、単純にそう呼ばれるようになったともいわれています。

しかし、そうではなく、**プラトンは同性愛について語ったのに、いつの間にかそれが男女の恋愛についてのものだと間違われてしまった**、というのが、どうも真相のようです。

というのは、彼の著書『饗宴《きょうえん》』で同性愛者について語った部分に、「両者の魂が何か（愛欲とは）別のものをもとめていることは明瞭である」（久保勉《まさる》訳）と、プラトニック・ラブに相通ずる表現があるからです。

「男性は論理的、女性は感情的」の理由は？

一般に男性と女性は、

男性——分析的、論理的、空想的、抽象的。決断力があり、ものごとにこだわるところがある

女性——即物的、現実的、感覚的、感情的。直観力があり、ものごとにあまりこだわらずに判断するところがある

というような違いがあるといわれます。

男性が、環境や状況の変化になかなか対応できずに孤立しがちなのに対し、女性のほうはすぐに友達をつくるなど、またたく間に順応するところがありますが、これな

どは両者の特性がよく表われています。

では、どうしてこういう違いが生じるのでしょうか。

第一の理由として、男性の使う脳が左脳に偏っていることがあげられています。側性化《そくせいか》というのですが、男性にはそのどちらか片方の脳に偏る性質があります。**人間社会が、論理的・分析的能力を司《つかさど》る左脳型の能力を重視している影響を受けて、ほとんどの男性の脳が左脳化した**のだ、というのです。

女性のほうはその側性化がないので、男性よりも左脳型能力が劣ったとしても、ひらめき型の右脳型能力は優れている、というわけです。

もう一つ、女性の脳は、母親としてたくましく生きていけるようにできていることも、大きな理由であるとされています。

そのために、女性の脳は生まれつき食欲、性欲を支配し、ホルモンや自律神経の中枢である大脳辺縁系《へんえんけい》が発達しています。

その代わり男性は、思考や判断、感覚、創造、幻想などを司る大脳新皮質系《しんぴしつけい》への依存度を高めることになった、というのです。

「男は女より三倍も早くボケる」って本当!?

個人差はありますが、ペンシルベニア大学のルーベン・カー教授の調査によると、男性は女性の三倍の速度でボケるのだそうです。

ボケの原因は複雑なので簡単には決められませんが、つまるところは大脳の細胞の減少にあるといわれます。

人間は約一四〇億個の脳細胞を持って生まれてきますが、その後、その数は増えません。しかし、脳細胞は刺激されることによって新しい神経突起(シナプス)をどんどん伸ばしていくことができるので、素晴らしい頭脳活動ができるのです。

ところが、人間四〇歳をすぎると脳細胞の減少する速度がぐんと速まり、その結果、忘れっぽくなったり、思考力が衰えるという症状が出てきます。

これがいわゆる老化現象で、脳を使わなくなることがその萎縮《いしゅく》の原因になるわけですが、この萎縮の速度には男女差があり、女性のほうが比較的ゆっくり進むので、男性よりボケが少ないのです。

その差の原因は、性ホルモンの作用にあると考えられています。男女ホルモンは脳の機能とも密接に関わっていて、この分泌《ぶんぴつ》量の違いが、脳の萎縮速度に差をもたらすのだろうというのです。

男性の場合、**定年まではバリバリと仕事をこなし、定年後はパッタリと身体を動かさなくなる人が多いようですが、そうした生活パターンの激変も、男性の脳の萎縮速度を速めている原因の一つ**だといわれています。

男女の産まれる確率は季節で変わる⁉

「一姫二太郎《いちひめにたろう》」ということわざがあります。よく、子どもは女の子一人と男の子二人がいいという意味だと思っている人がいますが、それは間違い。女の子のほうが育てやすいので最初は女の子、親が子育てに慣れたところで、二番目に男の子を産むのがいいという先人の知恵を表わしています。

しかし、一姫二太郎といっても、子どもは天からの授《さず》かりもの。なかなか思い通りにいくものではありません。次こそは女の子と思っているうちに男ばかり五人兄弟ということもありますし、逆もあります。

生まれてしまえば、元気な子でよかったということになるわけですが、男の子と女の子、うまく産み分けることはできないのでしょうか。

生命科学の技術が進んでいるのでできないこともないのでしょうが、自然の摂理にまかせるというのが医学の立場です。

そこで、自然の摂理を調べてみると、産み分けに使えそうなデータがありました。

統計によると、**わが国では一～四月は女の子が多く、九～一一月は男の子が多く産まれています。**これは、母体が季節に反応し、卵子の成分を支配して、男子の生まれる精子を引きつけたり、女子の精子を引きつけたりするためと考えられています。

男に生まれるか、女に生まれるかの「分岐点」

男が生まれるか女が生まれるかは、まず卵子がX染色体を持つ精子と受精するか、

Y染色体を持つ精子と受精するかに、かかっています。だから、男女の産み分けも、いろいろ研究されているようです。

しかし、いくらX染色体を持つ精子と受精しても、それだけで男の子が生まれるとは限りません。

五万分の一の確率で、女性の姿に生まれてしまうことがあるのです。

そんなことがあるのか、と思われるかもしれませんが、実際に、染色体はXYと男なのに、乳房はふくらんで女性器もちゃんとあり、女の子として育てられて戸籍《こせき》上も女性という人がいるのです。

内分泌研究の第一人者である京都大学の星野一正《かずまさ》氏は、この現象を次のように説明しています。

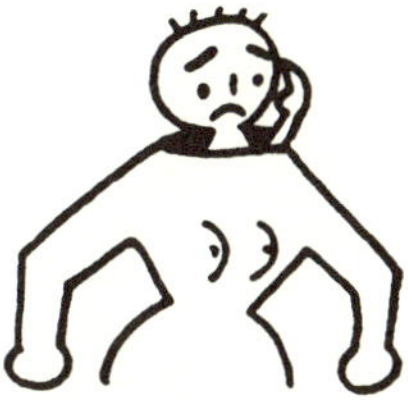

男性に性分化するには、まず、Y染色体になる遺伝子がHY抗原というタンパク質をつくり、それが精巣をつくって、そこから分泌されるテストステロンが脳や性器を男性化させていく、というのです。しかし、**たとえこう丸《がん》からテストステロンが出ていたとしても、その受け皿が体の細胞にないと性分化できず、放って**

おくと、染色体がXYでも女性化してしまうのだそうです。

こうした人は、卵巣がないため生理もなければ妊娠もできません。しかし、女性として結婚し、家庭を持つ人もいるそうです。

女と男は、単純に分かれて生まれると思われていますが、こうした運命のいたずらも起こりうるのです。

妊婦は誰にでも「つわり」があるわけではない!

ドラマなどでは、女性が吐き気を催すのが妊娠の兆候《ちょうこう》を示すお決まりのパターンになっています。つまり、つわりを起こしたというわけです。しかし、妊娠すれば必ずつわりが起きるわけではありませんし、ましてや吐く人も限られています。

意外かもしれませんが、**妊娠した女性の三分の一は、ふだんとまったく変わらない日々を送っている**のです。

しかし、だからといってそれが幸せなこととは限りません。つわりがないことで妊娠に気づかずに薬を飲んだり、レントゲンをとったりすることもあるからです。特にはじめての妊娠は、どのような状態になるか皆目《かいもく》わかりません。そういう意味で、女性は常に意識しておく必要があるのです。

つわりで吐く人の割合は全体の三分の一くらい。ひどい人では、食べるたびに吐き、ときには胃の中に何もなくなっても黄色い水を吐く人もいます。

人によって、つわりというのは極端に違うもののようです。

おなかの子の性別によって母親の顔つきが変わる!?

生まれる子が男か女かは気になるところ。そのため、「おなかが前に突き出ると男の子」とか、「顔がきつくなると男の子」などと言い伝えられてきました。

おなかの形には根拠はありませんが、顔つきに関しては迷信とはいえないようです。というのも、胎児のホルモンがお母さんに影響することもあるのではないか、といわれているからです。**男の子を妊娠するとその男性ホルモンが影響して、お母さんの立**

ち居振る舞いが男っぽくなる場合もあるようです。

人間の場合はそれほど表われませんが、サルの場合ははっきり表われます。つまり、オスの胎児をみごもった母ザルは、オスザルのような行動をとるのです。そのときの血液を調べてみると、明らかに男性ホルモンの量が多くなっています。

また、「みごもっているときに火事を見ると、赤あざの子が生まれる」という言い伝えがあるのですが、これはどうでしょう。

実際に赤あざの子が生まれることはないにしても、妊婦が強いストレスを受けると、胎児に影響することを暗示している言葉といえそうです。ごくまれにですが、夫を突然の事故で亡くすなどの強いショックを受けた妊婦が、そのために流産することがあるからです。これは、強いストレスによって子宮を収縮させるホルモンが分泌されてしまうために起こります。

母ザルに強い恐怖を与えると、エピネフリンというホルモンを盛んに分泌し、そのホルモンの働きによって母ザルの子宮の血流量が減少し、赤ちゃんザルは酸素不足のために死んでしまうケースもあるといいます。

まさに、母と子は一心同体なのです。

精子ができる袋＝陰のうが体外にあるワケ

野球などのボールが男の急所に当たると、死ぬほど痛い……これは体験した者でないとわからないでしょう。もちろん、弱いところだからという理由もありますが、それだけではありません。陰のうに入っているこう丸《がん》が、当たった衝撃でおなかのほうに上がってしまうからなのです。

それにしても、陰のうは精子をつくるための大事な袋なのに、なぜ危険な体の外に出ているのでしょうか。

それは、こう丸がおなかの中にあると、精子がつくれないためです。つまり、**体の内部の温度では高すぎて、精子ができないの**です。そこで体内より二、三度低い温度の、体の外の袋で精子をつくるというわけです。

ところで、こう丸は最初から外の袋に入っているわけではありません。胎児のときはおなかの中にでき、徐々に下に下りてきて袋におさまるのです。その時期は、受精してから七カ月目くらいだといいます。

しかし、なかなか下りてこない場合もあって、これを停留《ていりゅう》こう丸といいます。これは珍しいことではなく、新生児の七〜八％の割合でみられるようです。

たいていは一歳くらいまでに下りてくるのですが、一歳をすぎても下りてこない場合は、手術で引っ張り下ろすことになります。もし、これがうまくいかない場合は、精子がつくられないことになるのです。

また、おなかの中にこう丸があると、そこから、ガンができやすいともいわれています。

このように、しかるべきところにおさまらなければいろいろ支障をきたすので、やはり、多少のリスクはあっても、体の外に出しておくしかありません。

ちなみに、急所にボールが当たってこう丸がおなかに入ってしまった場合は、腰のあたりを後ろからトントンたたいたり跳びはねたりすれば、元通り袋の中に下りてきますから、ご安心を。

「産みの苦しみ」は今より昔のほうが軽かった？

「いくら科学や文明が進んでも、お産の苦しみは昔から変わらない」と、ある母親が言っていました。確かに、便利で苦労の少ない生活ができるようになった現代にあって、産みの苦しみは、かなり耐えがたいもの。それに、昔に比べれば人の忍耐力が落ちているから苦しみは軽減されない、ともいえるのかもしれません。

しかしそれだけでなく、出産の姿勢で痛みはかなり違ってくるようです。

今は病院で出産する人が大半ですが、病院の分娩台《ぶんべん》は、医者が作業しやすいような形につくられたものといいます。分娩台で横になった姿勢では、腹筋の力を使って赤ちゃんを押し出そうとしても、うまく力が入りません。

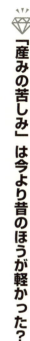

昔は、座椅子を使ったり、産台の代わりに枕わらという、わらの束を左右に置いて後ろにふとんを高く積み、そこに寄りかかったりして出産しました。座った妊婦を産《さん》婆《ば》が後ろから抱きかかえることも多かったようです。

また、天井からつるした綱につかまってしゃがんで出産したり、両手を床に置いて立てひざでふんばったりもしたようです。

このような出産方法は座産《ざさん》と呼ばれ、今でも世界の一部で行なわれています。重力が働いて腹筋に力が入りやすいので分娩所要時間が短く、横になってするお産よりも痛みが少ないのです。

最近になって、**欧米をはじめ日本でも、この座産が見直されてきました。また、水中でするお産も試みられています。**羊水の中にいる胎児にとっては、水中に産み落とされても、ごく短い時間なら呼吸障害を起こすことはありませんし、浮力がつくので産婦もリラックスして楽だということです。

出産というのはあくまでも自然の営みなのですから、いくら科学が進んでも、産婦が楽な姿勢でするほうがいいということのようです。

赤ちゃんはなぜ、あんなに長く眠る?

サルの子は生まれてすぐに母親の胸にしがみつき、一時も胸から離れないようにしています。キリンもウシも、生まれて数時間で自分の足で立ち上がり、お乳を飲み始めます。

ところが、人間の子どもだけはあまり動くこともなく、起きている間におっぱいを飲んで、それ以外はほとんど眠り続けるのです。睡眠時間は、生後一カ月までは一日二〇～二二時間に達するそうです。もちろん、その後徐々に減っていきますが。

大人にとって睡眠は、脳を休めたり、起きているときに得た情報の整理をするためのものであるといわれています。しかし、赤ちゃんの場合はそれだけでなく、脳を発達させるために眠るのです。

というのも、睡眠中だと、血液は主に脳のために使われます。**睡眠中の脳の血液の流れは、起きているときよりも二〇パーセントも増えます。つまり、脳は眠っているときに血液から栄養をもらって発達する**のです。

何しろ人間の脳は、動物に比べてかなり未熟な状態で生まれてくるので、早く発達させるために、赤ちゃんはたくさん眠らなければならないわけです。

また、脳が未熟なために外からの刺激によってすぐ疲れてしまい、疲れを取るためにも眠らなくてはいられない、ということもあるようです。

ところで、人間の眠りには二つのパターンがあります。一つは、脳が眠っているノンレム睡眠。そしてもう一つは、脳が起きていて体が眠っているレム睡眠です。赤ちゃんの眠りには、この二種類が半分ずつを占めていますが、大人になると、レム睡眠が四分の一に減っていきます。

動物は大半がレム睡眠で、ノンレム睡眠が少ないのです。危険が近づいたら、いつでも起きられるように準備しているからでしょうか。

赤ちゃんの場合は、レム睡眠によって、本能を支配する大脳の古い皮質を発達させ、ノンレム睡眠によって、思考能力を支配する新しい皮質を発達させているのではないかと考えられています。どんどん成長していく赤ちゃんにとって、眠ることが成長につながるともいえるわけです。まさに、「寝る子は育つ」の言葉通りです。

赤ちゃんも夢を見ている？

赤ちゃんの寝顔は、本当におだやかそのもの。いったいどんな夢を見ているのか、のぞいてみたくなるほどです。

大人が夢を見るのは、眠りの浅いレム睡眠のときで、目玉がキョロキョロ動くのがまぶたを通してわかります。

このときにたたき起こせば、どんな夢を見たかを聞くことができますが、赤ちゃん相手ではそれもできません。

ところで、なぜ夢を見るかについて、DNA研究でノーベル賞を受賞したフランシス・クリック氏らは、次のような説を発表しています。

「夢によって、記憶のネットワークの細胞のうち、ある集団は保存され、ある集団は消去される。それによって情報が再分類整理され、脳が混乱しないようにしている。つじつまの合わない奇《き》想天外《そうてんがい》な夢を見ることが多いのは、こうした記憶のネットワークから不特定に拾ってきては頭から追い出すためである」

夢を見るのは、いらない記憶を消し去るのが目的。もし、この機能がなければ大脳皮質は巨大なものになってしまうか、機能を停止してしまうだろうというのです。実際、レム睡眠のないハリ

モグラは、不つり合いなほど大きな大脳皮質を持っています。

では、まだ整理したり消去したりするほどの記憶があるとは思えない新生児ほど、レム睡眠の量が多いのはなぜでしょう。

これに対してクリック氏らは、**レム睡眠中に脳幹から刺激が出て、脳の神経細胞どうしをつなぐネットワークをどんどんつくっている**からだと説明しています。

母乳は、飲み始めと終わりで味が変わる！

赤ちゃんがお乳を飲む場合、母乳を飲むときより哺乳ビンで飲むときのほうが量が多くなるといいます。母乳の場合は必死に吸わなくてはならないから、疲れるために量が制限されるのでしょうか。

それもあるかもしれませんが、その秘密は母乳の成分にあります。

母乳は、出始めは少し水っぽくてあっさりした味がするので、のどのかわいた赤ちゃんは必死に飲みます。それが、飲んでいくうちにだんだん甘味と酸味が消え、脂肪

の濃度が四～五倍に上がって濃い味に変わっていくのです。すると、赤ちゃんは満腹感を覚えて飲むのをやめてしまいます。

こうして、赤ちゃんは飲みすぎることもなく、いつも適量ですむというわけです。いくら優れた人工栄養でも、この母乳のメカニズムは真似できません。

大人になっても「母親の心音」がいちばんホッとする

泣きやまない赤ちゃんにお母さんの心音を聞かせると、ピタリと泣きやんで機嫌がよくなったり、気持ちよさそうに眠ったりします。これは、胎児のときにずっと聞いていた懐かしい音であり、いちばん安心できる音だからでしょう。

お母さんの胸に抱かれると心地よさそうにするのも同じ理由から。お母さん自身もそれがわかっているのか、心臓のある左胸に赤ちゃんを抱く割合が多いようです。

世界中で聞かれる太鼓《たいこ》の音も、動物が走るひづめの音か、人間の心音に似ているそうです。

ある実験によると、**メトロノームを好きなようにセットさせると、大半の人が、一分間に五〇〜九〇の位置に目盛りを合わせるといいます。この数字はまさに、人間の一分間の心拍数と同じ**なのです。

三月三日は昔、「女の子のための日」ではなかった！

三月三日の節句が女の子の節句となり、ひな祭りが盛んに行なわれるようになったのは、江戸時代の中頃のこと。それも、ひな段を飾ったのは武家や商家の人達の習慣で、庶民に普及し始めたのは明治末期になってからです。

今のような五段飾りが出てきたのは比較的最近のことで、これまた商業ベースにのって普及したものでした。

古代中国では、一月一日、三月三日、五月五日、七月七日、九月九日、の奇数が重なる日は、妖怪が来るとか、災いが満ち満ちているといった悪い日とされ、そのために身を慎《つつし》んでけがれを祓《はら》うための行事がありました。

三月三日は田植え前の大切な時期で、そのため厳重な物忌み精進《しょうじん》（食事や外出を控えること）をして神を迎え祭ったのです。

そこで、身のけがれを清めるために、ひとがた（人形）に自分の罪やけがれを移して川に流しました（流しびな）。これが、ひな祭りの始まりです。

この風習は今でも鳥取県などに残っていて、わらでつくったお盆のようなものの上に紙の人形を乗せ、菜の花や菱餅《ひしもち》を飾って川に流します。

その昔は、草をむすんで人の形をつくっていましたが、いつしか紙でつくるようになり、やがて、今のように流さないで飾る形に変わっていったのです。

また、**三月三日は節句の花見といって、野山に出て植物が芽吹く生命力を体の中に取り込むことで、農作業に先がけて豊作を願う習慣もありました。**

村人が揃って山に登ったり、神が宿る季節の花のもとで酒宴を開くことで、神と人とが食事を共にする儀式だったのです。そのときの花が桃でした。それを持ち帰り、水口《みなくち》祭り（田の神に豊作を祈る祭り）をしたのです。

今の暦《こよみ》では三月三日に桃の花は咲きませんが、旧暦のこの日は今の四月上旬にあたるので、ちょうど花盛りのときなのです。桃という果物は、その形が生命力を宿すもの、花の赤い色が魔を払う霊力のあるものとみなされていたので、邪気《じゃき》を払ってくれるものとして三月三日に桃を飾るようになったのです。

なぜ「端午《たんご》の節句」を「ショウブの節句」ともいう？

五月五日は端午の節句。大空に鯉のぼりが泳ぎ、家の中には武者人形や兜《かぶと》が飾られる、男の子の成長をお祝いするための慣習です。

端午の「端」ははじめという意味で、これは、その月の最初の午《うま》の日にお祝いをしたためです。昔の中国では、端午の日には野外に出て、野草を摘《つ》んだり野遊びをしたりする日でした。

ところでこの端午の節句は、もともと男の子の日ではなく、女性の日だったのです。五月五日は奇数が重なる縁起の悪い月で、特に五と五が重なって一〇、つまり満数になることから、霊力がとても強く働く日と考えられていました。ですから、この日は身を慎み、けがれを祓わなければなりません。特に、**五月は田植えの時期で、女性**

たちはショウブを屋根にかざして家にこもって神を祭り、若者たちは青年としての戒《いまし》めを家の外で受けなければなりませんでした。

苗を植える女性を早乙女《さおとめ》といいますが、彼女たちは一夜の忌《い》ごもり（家にこもり、身を清める儀式）をしたといいます。すなわち、端午の節句はもともと女性の節句だったのです。

花のつかないショウブは、香りが強くて虫がつかないところから、災いを払う力があるとされ、お湯に入れて身を清めたり、はちまきのように頭に巻いたり、軒《のき》に下げたりしました。

ちまきを食べるのも厄除けのためで、くるんであるササの葉は、先がとがっているところから厄を祓う植物だと考えられていました。それに、ササには殺菌効果があって食べものが腐りにくい点でも、厄除けの力があるとされたのでしょう。

端午の節句が男のものとなったのは、武家の時代になってから。ショウブを使うことから、ショウブを「勝負」や「尚武」に引っかけて、男の子の立身出世を願う日に変わっていったのです。

鎌倉時代からあったショウブ打ちは、ショウブを束ねたもので地を打って音の大きさを競うもの。そのほか、やぶさめや、石合戦や凧《たこ》合戦、相撲などのこうした行事は、今も地方によっては残っているようです。

5章

「青い地球」の正体は、海の青さだけではない!?

【地球と自然】雑学

「青い地球」の正体は、海の青さだけではない!?

私たちが何気なく目にしている自然にも、意外な事実が多く隠されています。たとえば、人類初の宇宙飛行をしたガガーリンの「地球は青かった」という言葉。これは海の青さを指して言ったと思われているようですが、実は青く見えるのは、海だけではありません。地球の写真をよく見ると、陸地まで青く見えます。

陸地が青いのは、森林から出る「青いもや」のため。昔から、中国や日本では「青山《せいざん》」、ジャマイカやオーストラリアなどではコーヒーでおなじみの「ブルーマウンテン」という言葉が使われてきましたが、これらも青い地球の正体の一部。湿度の高い日本では、青いもやが紫に見えるため、「山紫水明《さんしすいめい》」という言葉も生まれました。

初夏の頃、遠くの山々が青く霞《かす》んで見えることがありますが、これも同じ現象です。青いもやは植物が発するモノテルペンという化学物質。宇宙から見えるというこの物質の量は、推定で一億トンとも八億トンともいわれています。地球の木々の生命力の象徴といえる物質です。

そのうち、一日は二四時間でなくなる⁉

私たちが自覚することはできませんが、地球の自転速度が少しずつ遅くなって、一日はだんだん長くなってきています。一〇〇年につき一〇〇〇分の一秒ずつ、一日が延びているのです。

ちりも積もれば何とやらで、何万年、何億年と積み重なれば、わずかな変化も無視できません。一〇万年前は、一日の長さは今より一秒短かったことになります。

地球の自転速度が遅れるのは、潮汐《ちょうせき》による摩擦が原因とされています。海水が月の引力によって引っ張られることで、潮の干満が起こります。その下の地球は自転しているので、地球と海水との間に摩擦が起こります。この、自転方向とは逆向きに起こる摩擦の力で、地球の自転速度はだんだん遅くなっていくのです。

月は、過去にはもっと地球に近いところをまわっていたといいます。ということは、昔は、摩擦力がもっと強かったことになります。現在、月は地球から三八万キロのところにありますが、地球が生まれた四六億年前頃には、月は一万五〇〇〇キロのところにあり、一日の長さは五時間くらいだったと推定されています。

五〇〇億年ほど後には、月は地球から五六万キロも離れてしまうので、そのときには、地球の一日は今でいうと四七日分にまで延びてしまいます。一日が四七日分となると、一週間ちょっとで一年が終わってしまうことになります。

季節によって「一日の長さ」が微妙に違う！

昼の長さは夏至《げし》にいちばん長く、冬至《とうじ》にいちばん短くなります。その反対に、夜の長さは夏至にいちばん短くなり、冬至にいちばん長くなります。そんなことは常識ですが、一日の長さが季節によって変わることは、意外と知られていません。

これは、季節によって大気中の気圧配置が変わったり、太陽や月の引力の変化で海水を引っ張る力が変わったりするためです。それで、前の項目でも説明したように、地球の自転に対する摩擦力が変化し、自転速度が変わるのです。

地球の自転速度は、六月頃にいちばん遅れます。その差は、平均値から〇・〇三五

秒とごくわずかですが、一日の長さもそれだけ長くなります。いちばん速くなるのは一〇月頃で、やはり〇・〇三五秒ほど進みます。

このほかに、大きな地震が起こると地球の自転速度が変化することがあります。地球内部の岩石の分布が変わり、重心がわずかにずれるためです。

大昔の月には、水も空気もあった!?

現在の月には水も空気もありませんが、何十億年も前には地球と同じようにあった、という説があります。

月の元素成分を調べたところ、かつては地球とほとんど同じだったことがわかったそうです。酸素、窒素《ちっそ》、水素などの元素は、今の地球と同じように水や空気の分子を構成していたといいます。

では、なぜ現在の月には水や空気がないのかというと、それには引力が関係しています。

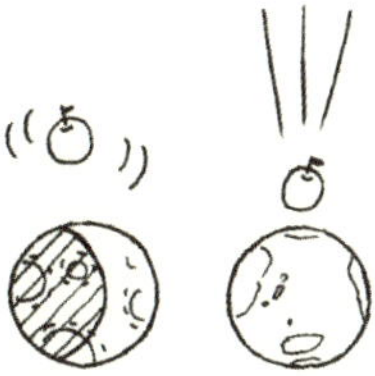

月の引力は地球の約六分の一。引力が弱いと、物質や物体が引力圏を脱出するときに必要な速度も、遅くてすみます。

たとえばロケットで比較すれば、地球の引力圏から脱出するには秒速一一・二キロ以上のスピードを出さなければならないのに対し、月の引力圏からは秒速数百メートルで抜け出せるのです。

酸素や窒素などに関しても、理屈は同じです。これらの分子はそれぞれ運動をしていますが、その運動の速さが月の引力圏から脱出できる速度を上回っていたのですから、宇宙へ飛び散ってしまったのも当然のこと。

月は引力が弱かったばかりに、水も空気もとどまらせておくことができなかったのです。

なぜ、海の色は国や地域によって違う？

鮮やかな、文字通りのマリンブルー、少し緑がかった青、深い紺色、ちょっと茶色っぽい色。ひと口に海の色といっても、場所によって微妙に違います。

この違い、いったいどうして起こるのでしょう。

どこの海でも、赤、橙《だいだい》、黄、緑、青、藍《あい》、紫の七つの可視光線（いわゆる光）のうち、電磁波の波長の長い、赤みがかった光が水に吸収されやすいという性質を持っています。

けれども海には、光の吸収を邪魔するものがいます。プランクトンや菌などの微生物、ちりやほこりなどの微粒子がそれです。

微生物や微粒子は、波長の長い光も吸収せず、反射してしまいます。そのため、海から反射した光が、人の目に赤みがかったり、緑がかったりした色に映るのです。

つまり**微生物や微粒子が多いほど海の色は赤茶色っぽくなり、減るにつれて緑、青、藍に色を変える**ことになります。

日本の海でも沖縄近海は透明度の高い鮮やかな青、オホーツク海はエメラルドグリーンに近い色合い、房総《ぼうそう》や相模《さがみ》湾が赤茶がかった青だったりするのは、微粒子の量に関係があったというわけです。

天ぷら鍋一杯分の油が驚くほど海を汚す

河川や海の汚染といえば、工場からの廃水が槍玉《やりだま》にあげられがちですが、実はもっと身近なところに要因がありました。東京湾の汚染を例にとると、なんと七割もが生活廃水、つまり一般家庭からの廃水なのです。

生活廃水の中でも目立つ汚染原因は台所から流されたもの。河川や湾内の水質を悪化させ、魚の棲めない環境にする物質でいっぱいです。

中でも最悪なのは、やはり油分。**天ぷら鍋一杯分の油を排水口から流してしまうと、六万六〇〇〇リットル、家庭用浴槽で三三〇杯分ものきれいな水で薄めなければ、魚が生きられなくなる**といいます。

さらに、台所から出るそのほかの汚水が、浴槽何杯分の水できれいにできるかを見てみると、牛乳二〇〇ミリリットルが一〇杯分、みそ汁二〇〇ミリリットルなら五杯分、ラーメンのスープ同じく二〇〇ミリリットルで三杯分、米のとぎ汁も二リットル流せば、四杯分の水が必要です。おちょこにわずか一杯の酒でさえも、浴槽三杯の水がなければ、水質は元に戻せません。

魚の棲みやすい水質に戻すのは、決してたやすいことではないのです。せめて油は新聞紙に浸《し》み込ませて捨てるなど、ひと工夫したいものです。

硬水と軟水って、何が違うの？

ひと口に水といっても、土地によって微妙に水質が違います。水が変わると体を壊すといいますが、これは実際によくある話。

日本人がヨーロッパの水を飲むと下痢《げり》を起こしやすいといわれるのは、ヨーロッパの水が、日本の水に比べてマグネシウムを多く含んでいるためです。

水には、さまざまなミネラルが含まれていて、その中のカルシウムとマグネシウムの量で硬度が決められています。

飲んでおいしい水は、一リットル中に、カルシウムとマグネシ

ウムが合計五〇〜八〇ミリグラム含まれているもの。それより少ない水を軟水、多い水を硬水と呼んでいます。

日本の水の硬度は二〇〜八〇ミリグラムで軟水、ヨーロッパの水は二〇〇〜四〇〇ミリグラムの硬水なのです。

ミネラルは、たくさん含まれているほうがおいしい、というわけではありません。硬度が高すぎるとクセの強い苦みのある味になりますし、硬度が低すぎても味気のない水になってしまいます。その意味で、日本の水はそのまま飲んでもおいしい水が多いのです。

フランス人がワインを飲むのは「水道水がまずい」から？

世界的に見ても、日本のように水道水がそのまま飲める国は珍しいとか。硬度の高いヨーロッパの水は、そのまま飲むには苦みが強すぎるからです。フランスでワインがよく飲まれるのは、水ですむところをワインで代用している、ということも関係しているのかもしれません。

水は、その国の飲みものにも大きな影響を及ぼします。日本で飲まれているお茶は、水の中にタンニンを溶かして香りを楽しむもの。でも、硬度が高いとタンニンの出が悪くなり、マグネシウムや鉄分が味を悪くします。**お茶は硬度の高い水とは、相性が悪いのです。**

そのため、硬度の高い国では、お茶の代わりに、味と香りの強いコーヒーが好んで飲まれているようです。

ちなみに、イギリスでコーヒーよりも紅茶が飲まれているのは、ヨーロッパの中では比較的硬度が低いためだそうです。

ヨーロッパで食べる日本料理がおいしくない理由

各国の水の違いは、料理法まで変えてしまいました。素材の持ち味を生かした薄味が身上の日本料理は、やはり水のおいしさがあってこそできるもの。

カルシウムやマグネシウムの多い硬水では、タンパク質を硬くし、素材をまずくしてしまいます。そのため、ヨーロッパでは野菜から出る水分を利用したり、ワインや牛乳、生クリームを加えるなど、こってりとした味つけをすることが多いのです。

洋風料理に欠かせないスープストック（牛、鶏、魚、野菜などからとっただし汁）は、硬水をおいしくするための方法。材料の鶏、牛、豚などの骨にはコラーゲンが含まれていて、これを加熱してできたゼラチンが、水の中のマグネシウムを取り除いてくれます。

素材が同じでも、水によって次のように調理法は変わります。

たとえば、日本では水で炊くお米。ヨーロッパでは、油で炒め、さらにスープストックを加えて炊くのです。

日本ではたっぷりの水でゆでる野菜も、硬水を使うとおいしくゆであがりません。

つまり、日本では世界各地の料理がつくれますが、ヨーロッパで日本料理をつくろうとしても難しいというわけです。

「あの古代都市」驚きの下水システム

今から四五〇〇年前、日本では縄文時代にあたる頃。その時代に、インダス川流域に栄えていたモヘンジョ・ダロやハラッパーといった都市には、すでに下水道が完備されていたというから驚きです。

モヘンジョ・ダロでは、道路が東西南北に走り、レンガづくりの家が整然と並んでいました。そして、家々の下には、下水道がくまなく張り巡らされていたのです。下水溝が道路の中央を走り、これに各戸の下水管が連結。各戸には便所と浴室があり、下水管が通っていて、さらに二階の便所には、し尿が壁の中の陶管《とうかん》を流れる構造になっていたのです。

各戸から流れてきた下水は、下水溝にあるマンホールにためられ、何と下水中の砂や固形物を沈殿させ、定期的に掃除されていた形跡も残っています。

また、**雨水は別の排水溝を設けて、し尿とは別処理されていました。これは分流式というやり方で、合流式よりも効率よく処理ができる**のです。

さらに、ゴミのダストシュートが設けられ、ゴミを二階から階下に落とすシステムにもなっていました。たぶん、そのゴミは街ごとに回収されていたのでしょう。

現代の下水道は、汚水も雨水も一緒に入る合流式。モヘンジョ・ダロは、現代以上に素晴らしいシステムを備えていたといえるようです。

どうして海の水はしょっぱいの？

海の水がしょっぱい理由については、岩石に含まれる塩分が雨で溶け出し、川から海へ流れ込んだという説がよく知られています。

ところがもう一つ、**海水の塩分はもともと地球の内部にあったもの**、という説もあるのです。

地球の内部とは、マグマのこと。高熱を持ち、ドロドロに溶けたマグマが冷えて固まるときには、塩分を多量に含んだ水を残します。この水（岩漿水《がんしょうすい》）は、陸上や海底の火山活動に伴って、地表や海へと噴き出されます。それが海水と混じり合ったというのです。

そもそも塩分とは、塩化ナトリウムのこと。岩石や岩漿水を分析すると塩化ナトリウムが多く含まれているため、どちらの説も間違いがないとされています。

世界でいちばんしょっぱい海はここだ！

潮の流れのおかげで、海の水はどこも一定の濃度に保たれているかというと、決してそうではありません。

海の水分が太陽の熱で蒸発すれば塩分は濃くなり、雨水が河川を経て流れ込めば塩分は薄くなります。つまり、気候が温暖で地形的にも海面の温度が上がりやすく、降水量が少なくて河川からもあまり水が流れ込まないところが、濃度の高い海です。
この条件に当てはまるのが、北緯二〇〜三〇度、または南緯一五〜二〇度のあたり。

このことから、**高濃度なのが地中海。**北緯がだいたい三〇〜四五度で、半乾燥で高温な気候に加え、周囲を陸に囲まれて水温が下がりにくい地形です。

逆に濃度の低い海域は、北極海と南極海。雨が多いわけではないのですが、氷河から押し出された淡水の氷山が少しずつ溶けるため、濃度が薄められています。また、気温が低くて蒸発量が少ないことも、原因の一つです。

ただし、濃度が高い低いといっても、大差はありません。海水中に塩化ナトリウムや硫黄などが含まれる割合は、低い海域で三三パーミル（一〇〇〇分の三三）、高くても四〇パーミルを少し超える程度で海水一キログラム当たりわずか七グラムの違い。

しかも、その成分量のうち塩化ナトリウムだけを比べれば、さらに差は小さくなるため、よほど塩分に敏感な人でない限り、しょっぱさの違いなど感じられないのです。

海面と海底、濃い海水はどっち？

海域によって塩分濃度が少しずつ違うことはわかりました。

では、同じ海域のある一点をとり、浅いところと深いところを比べると、どう違うと思いますか。

濃度が上がる原因の一つ、水の蒸発から考えてみると、海面から蒸発が進むので、ここが最も濃いことになります。

しかし、濃度が高ければ比重も重いので、塩分は沈むはず。濃度が上がるそばから、深いところの比重の小さい水と入れ替わるのではないか……とも思えます。

ところが実際に濃度を計ってみると、海面近くのほうが濃いのです。それは、直射日光を浴びて温度が高くなるせいなのです。

水は温度が高くなるほど比重が軽く、上へと移動しやすいもの。海水の場合も、水温の違いから比重の差が生じたために、濃度による比重の差など、ほとんど影響しなくなってしまったのです。

というわけで、結論は、**海面に近いほど濃度が高く、海底に近づくにつれて低くなる**というわけです。

日本の海が「磯臭い」のはどうして？

ヨーロッパの海などと比べて、日本の沿岸はどうも磯臭い。その原因は、どうやら栄養塩にあるようです。

栄養塩とは炭素や窒素からできた成分で、プランクトンが発生するのに欠かせないものです。日本の沿岸にはほかの海域に比べてこの成分が多いため、プランクトンの温床《おんしょう》にもなっています。

さて、栄養塩をたっぷり摂取したプランクトンも、そして魚もやがて死を迎えます。この生物たちは死後分解で、アンモニアに似た化学構造のトリメチルアミンという物質を発生させ、それがにおいを発するのです。

また日本の沿岸には海藻も多く、これらはヨウ素化合物の分解物質の香りを放ちます。ノリの場合には、ジメチルサルファイドという香り成分もあります。

そして、海辺の地域に多い松林などの針葉樹の香り、テルペン。

日本の磯の香りは、これらの香り成分がすべて混じり合って生まれたものです。食品としての海藻だけなら、あるいは、針葉樹林を歩いているときなら好ましいと思える香りが、プランクトンや魚の死後分解のにおいと混ざったとたんに、あの磯臭さになってしまったというわけです。

水平線の彼方《かなた》までの距離は、たったの四・三キロ!?

沖を眺めれば、はるか彼方に水平線。とうてい泳いでなんてたどり着けそうにない、海の果てのように見えます。

ところが実際は、ちょっとした遠泳でたどり着ける距離なのです。

たとえば、身長が一六〇センチ台だとすると、**波打ち際に立ったときに見える水平線までの距離は、四・三キロメートル程度。**それよりも遠くの島が見えたとしても、水平線の向こうから頂上をちょこんとのぞかせているくらいですから、望遠鏡でのぞいて

水平線上に目標物を発見したとき、泳ぎに自信のある人なら岸からそこまで行くことだって決して難しくはないのです。

地図上の海岸線は、満潮のとき？　干潮のとき？

海岸線は、潮の満ち引きによって一〇〇メートル以上も変化することがあります。島が陸続きになってしまったり、小島が突然ぽっかり現われたりと、刻一刻と変化しているのです。

しかし、そんな実際の海岸線に反して、地図上の海岸線は、当然のことながら不動です。いったい地図の海岸線は、海がどんな状態のときのものなのでしょうか。

国土地理院の『地形図図式適用規定』を見ると、「水涯線《すいがいせん》は、海においては満潮時における正射影《せいしゃえい》を表示する」と記されています。

公文書にありがちな難解な文ですが、水涯線とは水際の線、正射影とは上から見た形、の意味の専門用語です。平たくいえば**「海岸線は満潮時のもの」**ということです。

また、波が打ち寄せては引き、打ち寄せては引きを繰り返していることも、海岸線を特定する上で問題となります。しかし、これは航空写真を何枚も重ねてみて、平均線を見つけることで、解決しているそうです。

「雲の名前」あなたはいくつ知っている?

雲の形は千差万別。刻々と姿を変えながら流れていく雲を見ていると、これが何雲なのかわからなくなってきます。

大ざっぱに分けると、雲は形や高さなどから一〇種類に分類できます。

1．巻雲《けんうん》（通称すじぐも）／2．巻積雲《けんせきうん》（いわしぐも、さばぐも）
3．巻層雲《けんそううん》（うすぐも）／4．高積雲《こうせきうん》（ひつじぐも）
5．高層雲《こうそううん》（おぼろぐも）／6．乱層雲《らんそううん》（あまぐも）
7．層積雲《そうせきうん》（うねぐも）／8．層雲《そううん》（きりぐも）

9．積雲《せきうん》（わたぐも）／10．積乱雲《せきらんうん》（にゅうどうぐも、かみなりぐも）

通称のほうが形状をイメージしやすいと思いますが、**気象学上の名前も、漢字の使い分けの基準を覚えてしまえば、形状や状態をイメージすることは簡単です。**

まず「巻」のつく雲。五～一三キロ上空にできる上層雲で、正体は氷の結晶。絹のように薄く細く、曲線を描いて現われます。

「高」がつくのは二～七キロの高さにできる中層雲。

「層」「積」「乱」は、高さではなく形状や性格を示すもの。「層」は横に広がっている様子を、「積」は雲の中に対流が起こり、上に向かって伸びている様子を表わします。また「乱」は、雨雲という意味です。

以上を組み合わせれば、雲の名前、形、状態が簡単に結びつきます。

たとえば積乱雲だと、雲の中で空気の対流が起きていて、上空へわきたつように伸びる雨雲、という具合です。

一見難しそうな名前ですが、とても合理的に名づけられているのです。

「夕焼けが出た翌日は晴れ」には根拠がある!?

「朝焼けは雨、夕焼けは晴れ」

気象学などなかった時代に、人々が長い期間をかけて観察と経験から生み出したことわざです。朝、空が赤くなると、やがて天気が崩れ、逆に、夕焼けが出た翌日は晴れるという意味なのですが、気をつけていると確かにその通り。科学的な裏づけだって、次のようにできます。

朝焼けや夕焼けは、太陽が地平線にきわめて近いところにあるとき、光線が大気の層を斜めに通ることによって起こります。通る角度が斜めになればなるほど、空気中を長い距離通ることになり、光線が空気の粒子で散乱するうちに、波長の短い青や紫の光が失われてしまいます。そして赤や橙の光が多く残って私たちの目に届くため、あのように空が赤く見えるのです。

そのとき赤くなる方角は、太陽のある方角と同じ。朝焼けなら東、夕焼けなら西です。

一方、天気の移り変わりというのは、西から東へ、が常です。だから、**夕焼けが出るときは西の空が晴れているので、やがてこちらにも晴天が訪れます。**

朝焼けは逆で、よい天気が東のほうへ去ってしまえば、雨がやってくる可能性があるということです。

ちなみに、夕焼けは赤みが薄いときのほうがよく晴れ、朝焼けでも色が淡いと晴れる確率が高くなるそうです。

雷は金属をめがけて落ちる、はウソだった！

雷が鳴ったとき、金属を持ったり身につけたりしていると危ない、とよくいわれます。果たして雷は、本当に傘などの金属をめがけて落ちてくるのでしょうか。

結論からいうと、**雷が襲うのは人が身につけている金属ではなく、人体そのもの**というのが事実。頭部を直撃された人を調べたあるデータによれば、調べた二四人のうち半数は頭にヘアピン一本つけていなかったそうです。このことからも、雷が決して金属めがけて落ちるものではないことがわかります。

そもそも雷というのは、落雷の被害を見るまでもなく、きわめて強力な放電です。何しろ、普通は電流の絶縁体である空気をものともせず、五キロ以上もの大気を突き破って地上に向かうのです。

大気を引き裂いてくる雷にとっては、人体などごく手軽な伝導体。水分が多くて、もともと電気の流れやすい人体は、近くにもっと背の高い伝導体さえなければ、容易に雷を誘引してしまいます。金属を身につけているかいないかは、その際、関係なし。だから落雷の不安があるときは、とにかく高いものから二メートル以上は離れて、姿勢を低くすること。木の下などは、何の避難にもなりません。

森林浴はどんな病気に効く？

ドイツには黒い森（シュバルツバルト）と呼ばれる広大な森林地帯があり、その中につくられた保養所は、古くから大病をした人のリハビリテーションに使われていました。

まさに、森林浴をして健康を取り戻そうというわけですが、**決して何か特定の病気が治るというわけではありません。**たとえば、喘息《ぜんそく》に効く森がある、というわけではないのです。

森は無数の木《こ》の葉が音を吸収し、まわりを静寂《せいじゃく》で包んでくれるため、とても静か。疲れた体には何よりの安らぎとなります。

また、こうした場所では、よく空気がおいしいといわれますが、それも気のせいなんかではありません。森が大気中の汚染物質を吸い取ってしまうので、空気清浄器のような働きをしているのです。森の中にいるほうが、都会の空気の中にいるよりは病原菌が少ないのも確か。昔から日本では、結核療養所が必ず松林の中に建てられたのもそのためです。

このように、森林浴は、病原菌の繁殖を抑えるほか、神経の高ぶりを癒《いや》したり、緑を見ることで目の疲れを取ったり、小鳥のさえずりで心を和《なご》ませたりといった、精神的な効果が大いに期待できます。

「星の砂」は、実は生き物の死骸《しがい》だった!

沖縄の竹富島《たけとみじま》などに多く見られる星の砂は、砂といっても、本当は砂でも土でも石でもありません。

その正体は、**有孔虫《ゆうこうちゅう》という生物の殻。**

有孔虫は、原生動物門根足虫《こんそくちゅう》綱に属する単細胞生物で、体のつくりはきわめて原始的。糸状の管を殻から出して食物をとり、海藻やサンゴに付着して生活しています。

有孔虫の死後、殻は海底に沈積して軟泥《なんでい》や石灰岩のもとになります。星型の殻を持つバキュロジプシナとカルカリナの二種類の有孔虫も、その多くはひとまず海底に溜まりますが、やがて浜に打ち上げられ、サラサラに乾燥したあの星の砂になるのです。

　このように生物の殻でできた〝砂浜〟は星の砂だけではありません。実は沖縄の海岸の多くの〝砂〟が、生物の殻や死骸、化石からできたものだとか。沖縄の海岸で踏みしめた白い砂、本当は

サンゴが細かく砕けたものだったのかもしれません。

どうして台風は秋に集中するの？

年によっては、梅雨《つゆ》の季節に台風が上陸したり、一二月になっても台風がやってきたりする当たり年もありますが、普通の年はだいたい秋に台風が集中しています。

なぜ、春や夏ではなく秋に集中しているのでしょうか。

確かに、日本では台風は秋に集中しますが、台風そのものは一年中発生しているのです。台風は熱帯低気圧の規模の大きいものですから、その行方《ゆくえ》をさえぎるものがあれば、それを避けて進もうとします。

日本列島は、夏の間は太平洋高気圧にすっぽり覆われていることが多いので、台風は近づこうとしてもそれてしまいます。ところが、**八〜九月になると、この高気圧の勢力が衰え、台風の通路ができます。**ちょうどこの時期に、日本の近くに台風が近寄ってくることが多いので、そのまま接近上陸ということになるわけです。

冬になると日本列島はまた高気圧に覆われることが多いので、台風は近づくことができません。

「霧」と「もや」の違い、説明できる？

いきなりですが、ここで三択クイズ。霧ともやを、どう区別するかご存じですか。

〔1〕「朝もや」「夜霧」というぐらいだから、朝発生するのがもやで、夜に出るのが霧。

〔2〕成分や生成の過程が違う。

〔3〕濃さ（湿度）が違う。

……正解は〔3〕です。

霧は、水平視程一キロ未満。わかりやすくいえば、一キロ以上離れたものがよく見えないほどの濃さ。霧の中の湿度は一〇〇％近くになります。つまり、まわりが目に見えない水滴でいっぱい、といった状態です。

濃霧ともなると、陸上では水平視程二〇〇メートル未満、海上では五〇〇メートル未満。視界が狭くなると危険な地域では、濃霧注意報や警報も発令されます。

もやのほうは、水平視程一キロ以上。霧の場合より遠くまで見える状態です。成分に関しては、どちらも同じ。ごく小さい水滴が大気中に無数に浮遊する現象が、霧やもやなのです。発生する条件は、水蒸気の量が多く、空気が冷えていること。ふもとに湖のある山などに発生しやすいのはこのためです。

もう一つ、紛らわしい言葉に霞《かすみ》があります。これは空気中の水滴・煙・ほこりなどが原因で視界がくもることで、気象用語ではありません。

「植物に話しかけるとよく育つ」は本当だった！

もちろん、植物が人間のように声を出して話をすることはありません。

でも、人間にも目や視線、手話といった具合にいろいろな形のコミュニケーションがあるように、植物同士もコミュニケーションをしています。

アメリカで発表された研究報告によると、プラタナスという木に虫がつくと、緊急事態発生とばかりに、葉の中に石炭酸やタンニンなどの物質がつくられます。すると、葉は渋くなり、毒性まで持つようになるので、虫はその葉を食べなくなります。

それだけでなく、林の中の一本の木に虫がつくと、隣の木にも、その隣の木にも、石炭酸やタンニンなどの物質がつくられるそうです。虫に食われた木が仲間に危険を知らせるために、警戒信号を出していたというわけです。

おそらく虫のついた植物が、特殊な揮《き》発《はつ》物質を空気中に出し、そのにおいを感知したほかの植物も、同じように虫が嫌う物質をつくり出したのではないかとのこと。まさに、植物同士のコミュニケーションです。

では、話を一歩進めて、植物と人間はコミュニケーションできるのでしょうか。

まさか、人間の言葉がそのまま理解されることはないでしょうが、**「いい子、いい子」などと話しかけながら毎日なでてやっていると、大きくならないうちに花をつけるようになるという例は、実際よくある**のです。

実は、この問題は学問的にも取り上げられていて、植物生理学では「接触形態形成」と呼んでいます。

なぜ、このようなことが起こるかといえば、植物がエチレンという抑制作用を持つ物質を出すため。つまり、なでられて喜んだのではなく、そこに障害があると感知し、ホルモンを使って、自分で自分の生長を抑え、大きくならないうちに花をつけたというわけです。

6章

クレオパトラのアイメイクはなぜ濃いの？

【世界と日本の歴史】雑学

平安貴族の女性の平均寿命は、たったの二七歳！

日本が世界で最も長寿の国であることはよく知られていますが、実はこの「長寿の国」の座はいつまでも安泰ではない、ということを知っていますか。

食生態学者の西丸震哉《にしまるしんや》さんは著書『41歳寿命説』の中で、食生活が乱れている日本の戦後世代の平均寿命は、今の平均寿命に比べてこれからどんどん短くなっていくと言っています。

歴史を振り返ってみると、たとえば、優雅な生活を送っていた**平安貴族の平均寿命が男性三五歳、女性二七歳だった**といわれるように、昔の平均寿命は決して長くはなかったのです。平安貴族が短命だった理由は栄養失調だったそうですから、それ以前はもっと厳しく、たとえば石器時代人は一四歳くらいだったと推測する人もいるくらいです。

昔は栄養失調、疫病《えきびょう》、飢餓《きが》、戦争など長生きできない条件があまりにも多かったので無理もありませんが、今から考えると驚くべき短さです。

それに比べれば、現代日本は長生きの条件が十分すぎるほど整っています。そんな日本で飽食ゆえ寿命が短くなるというのは、皮肉な話といわざるを得ません。

アイスクリーム発祥《はっしょう》の地は、何と中国！

アイスクリームは洋菓子の一種だし、最初につくられたのはヨーロッパなのでは、と考えがちですが、これが何と中国なのです。

五世紀の中国では、樟脳《しょうのう》（クスノキからとれる精油成分）で香りづけした米と牛乳でつくった氷菓が、皇帝のための特別なデザートでした。冬には、何千個もの氷のかたまりを宮廷の地下室に貯蔵していたそうです。

また、白菜のクリーム煮など、中国には古くから牛乳を使った料理があります。このことから、中国では昔から牛乳はそう珍しくないものだったと推測されます。

牛乳の氷菓はしだいに一般にも普及していき、マルコ・ポーロ

が北京《ペキン》を訪れた頃には、もう街角で売られていました。一二九五年、彼がイタリアにその製造法を持ち帰ったのが、ヨーロッパでのアイスクリームの始まりです。それ以前のヨーロッパでは、貴族の間では果物と砂糖を凍らせたシャーベットのようなものが食べられていたのですが、牛乳を使ったものはありませんでした。

ちなみに、イタリア料理といえば、何はなくともパスタ料理ですが、これすらも、マルコ・ポーロが中国から伝えたという説があります。マルコ・ポーロ以前に、パスタ料理が食べられていた歴史的証拠がないというのがその根拠だそうです。そういえば、スパゲティはラーメンみたいだし、ラビオリはギョウザそのもの。もしかしたら、これも当たっているかもしれません。

日本に箸を普及させた功労者は、聖徳太子だった！

箸は中国から伝わったもので、日本で一般的に使われるようになったのは八世紀、奈良時代からです。それまでの日本人の食事作法はというと、柏《かしわ》とか椎《しい》の葉などに盛ったものを手づかみで食べていたといいます。

実は、箸が普及した背景には、聖徳太子の苦労が隠されていました。

時は七世紀のはじめ。すでに中国から伝わってきているものの、面倒臭い箸など使って食事する人など、ほとんどいませんでした。

しかし、国際感覚豊かな太子には、それがじれったくてなりません。手づかみよりも箸を使うほうが明らかに文化的だし、上品で衛生的です。

それに、中国（隋《ずい》）に対する面子《めんつ》もあります。太子は一所懸命に箸をＰＲするのだけれど、なかなか広まりません。

そんなときに、小野妹子《おののいもこ》ら第一回遣隋使への答礼の使節団が中国からやってくることになりました。

太子は、超大国・隋の皇帝への親書に「日いずる国の……」と堂々と記すほど、面子を重んじる人です。隋の使節団に対して、「何だ、でかいことを言ってきたが、箸も使ってないような野蛮《やばん》国じゃないか」などと思われたくない気持ちがあったのではないでしょうか。

そこで、言ってもダメならやらせてみるしかないとばかり、**使節団の歓迎会の出席**

者に対して、料理はすべて箸を使うものにすると決めたのです。

最初は反対もあったでしょう。しかし、太子は根気強く、「隋ではそれが当たり前。そんな連中に手づかみを見せるなんてみっともないでしょう」と説き続けました。

それが功を奏して、当日の宴《うたげ》では、出席者全員がきちんと箸を使ったそうです。

しかし、隋の使節団は庶民の様子にも目を向けていて、その見聞記『隋書倭国伝《ずいしょわこくでん》』には、「手をもってこれを食らう」と書かれてしまったそうです。

なぜマラソンは「四二・一九五キロ」になったの？

陸上競技の花形・マラソンは、古代ギリシャのマラトンの戦いの故事によるものであると知られています。

戦場のマラトンの丘から、伝令のフェイディピデスが戦いの勝利を伝えるためにアテナイの城門まで走り続け、伝え終えると力尽きて絶命してしまった、その美談をたたえて競技に取り入れられたものです。

だから四二・一九五キロというコース距離も、そのときのフェイディピデスが走った距離であると一般には信じられているようです。

しかし、実はそうではありません。

一九二〇年の第七回オリンピックまでは、コースの距離は四〇キロ前後であればよく、一定していなかったのです。

それが正式に定められたのは、一九二四年の第八回パリ・オリンピックからでした。その基準にされたのは、一九〇八年の第四回ロンドン・オリンピックのコースで、ウィンザー宮殿からシェファード・ブッシュ競技場のゴールまでの距離が、ちょうど四二・一九五キロだったのです。

面白いのは、〇・一九五キロという端数の由来。普通なら整数にするところでしょうが、**時のイギリス王女・アレキサンドラの席の真正面までゴールをずらした**、その結果だというのです。

それをそのまま取り入れて正式なコース距離にしたのは、「こんな半端もあっていいだろう」という、イギリス人のユーモア精神だったのでしょうか。

ビールはいつの時代から飲まれていた？

世界中で多くの人に親しまれているビール。でも、意外なほど古くから飲まれていることは、あまり知られていません。

紀元前三〇〇〇年頃にはもう、メソポタミアに世界最古の都市国家をつくったシュメール人が、麦の種類によって四種類のビールをつくり分けていたそうです。となると、ビールは五〇〇〇年以上も人々に愛されてきたことになります。

ビールは、麦芽《ばくが》に含まれる酵素によって麦のでん粉が糖に変わり、それが発酵してできるのですが、もともとは、洪水や大雨に備えて貯蔵してあった麦が芽を出して、偶然にビールのつくり方が発見されたのではないかともいわれています。

やがてビールは、メソポタミアからエジプトに伝わります。エジプトではワインがよく飲まれていたと考えられていますが、実は酒の主流はビールだったのです。

一方、ギリシャ、ローマ人は、ビールよりワインのほうが好きでした。キリストもワインを常用するユダヤ人だったので、最後の晩餐《ばんさん》でワインを指し、「これは私の血である」と言いました。そのため、ヨーロッパではキリスト教が広まるにつれ、酒といえばワインというようになったのです。もし、キリストがエジプト人だったら、ワインよりビールがヨーロッパの酒の主流になっていたのかもしれません。

「ビールを薄めたら死刑」という法律があった!?

世界最古の法律というと、バビロニアのハンムラビ王がつくったハンムラビ法典。ここには、ビールを水で薄めると溺死《できし》刑《けい》にすると定められているそうです。ビールを薄めたくらいで死刑とは、ちと厳しすぎると思いますが。

でもこれ、一人で勝手に飲むときの話ではないようです。

この時代、街にはもう立派なビヤホールがありました。そこで、**ごまかして薄めたビールをビヤホールで出すと死刑にされるという法律**なのです。ビヤホールも、ドイツあたりが発祥の地なのかと思えば、意外なところで、ずいぶん古くからあったものです。

値段は、麦五杯でビール六杯分だったそうです。当時の麦の価値がわからないので、高いのか安いのか何ともいえませんが、五杯の麦からはビールが五〇杯できたそうです。とすると、今のビールよりかなり高かったのかもしれません。

古代ギリシャ人の「ヘンな礼儀作法」

フォークが食卓に登場するのは意外に最近のことで、一七世紀に入ってからです。箸のほうは三〇〇〇年もの歴史を持つというのに、あんな単純な道具が出てくるまでに、これほど時間がかかるとは驚きです。それ以前は、どんなに美しくて上品な貴婦人でも、手づかみでものを食べていました。

古代ギリシャ時代もやはり手で食べていましたが、この時代には客をもてなすのに、料理はできるだけ熱いうちに出すよう心がけるのが礼儀とされていました。

大食漢《たいしょくかん》が、ほかの人が熱くて手を出せないでいるうちにたらふく食べてしまおうと、毎日熱湯に手を浸して指を鍛えていた、という逸話も残っています。

ある猫舌の人は、熱くても食べられるようにと舌を守る器具・タングガードをつくり、それをはめていきなりほおばったら、舌はやけどしなかったものの、上あごに大やけどをしたそうです。

それほどみんなが苦労するのなら、いっそ手でつかめるくらいに冷めた料理を出せばいいのにと思うのですが、礼儀とか義理というものは、いつの時代にも一筋縄にはいかないもののようです。

古代ギリシャの主婦は驚くほど「健康志向」だった！

古代ギリシャ人は現代人と同じく、食物と健康の関係に大いに関心を持っていました。もてなしの献立《こんだて》も、食道楽というよりは、健康に重点を置いて立てられています。**ギリシャの主婦たちは、何と客人の病気の一覧表を持っていて、それに合わせて料理を決めた**とか。

食べものも、これは利尿作用があるとか、心臓を強くするとか、学者によって経験的に詳しく研究されていました。

それによると、たとえばキャベツは「二日酔いの特効薬」、レタスは「眠気を催《もよお》させて性欲を抑えるが、精液の量は増やすもの」だそうですし、ニンジンは「精子に活力を与え、尿の量を増やすもの」だそうです。

昔々、石けんは「飲み薬」だった！

江戸時代には、すでに一般家庭でも石けんを使って、たらいで手を洗っていました。でもこの石けん、あくを小麦粉で固めたもので、まんじゅうをふくらますのにも用いるとありますから、現在の石けんとはちょっと違うようです。

現在使われている石けんのほうは「しゃぼん」と呼ばれていましたが、舶来《はくらい》ものとして珍重され、とてもとても庶民の手に届くようなシロモノではありませんでした。

また、**しゃぼんは洗剤というよりも薬として使われ、座薬として便秘に、飲み薬として黄疸《おうだん》、結石、胃痛などに用いられていた**そうです。

しゃぼんが日本に伝わったのは意外に古く、奈良時代と考えられています。慶長《けいちょう》一七年（一六一二）に東大寺の宝の中に、「しゃぼん、一長持《ながもち》」と書かれているものが見つかりました。長持とは、大きな木製の箱のことで、その箱がいっぱいになるくらいたくさんの「しゃぼん」を集めていたということでしょうか。

もっとも、これは蜜蠟《みつろう》（ハチの巣の成分）を指していたというのが定説なのですが、「しゃぼん」という言葉が奈良時代に日本に入ってきた可能性は高いようです。

紀元前二〇〇〇年頃のエジプトでは、現在と同じようにソーダに油脂を混ぜる方法で石けんがつくられていたそうですから、もし石けんが奈良時代に日本に伝わっていたとしても、そう不思議ではありません。

奈良時代の貴族の健康食は、何と「チーズ」!?

醍醐《だいご》味《み》という言葉がありますが、この「醍醐」とは牛乳を煮つめてひと晩寝かせたものから「蘇《そ》」というものをつくり、さらにこれを煮つめてクリーム状にしてもうひと晩寝かせたもののことだそうです。現代の食べものだと、さしずめチーズです。

奈良時代の貴族は栄養満点のこの食品を食べていたおかげもあって、健康だったと思われます。平均寿命を調べても、**チーズのような食品を仏教上の理由から食べなくなった平安時代の貴族より、奈良時代の貴族は長生きした**ことがわかっています。

チーズは紀元前二〇〇〇年頃には、すでに食べられていたということです。発見したのはアラブの商人。その人は羊の胃袋でつくった水筒に牛乳を入れて旅をしていましたが、いざ飲もうとすると中身は澄んだ液と固形物に変わっていました。これがチーズだったというわけです。しかも、とてもおいしかった。

つまり、羊の胃袋の中に残っていたレンニンという酵素が作用し、水筒を長時間揺らし続けたために乳が固まってチーズが偶然できたわけです。

ちなみに、チーズにはナチュラルとプロセスがあり、前者は牛乳を発酵熟成してつくったもの、後者はナチュラル・チーズを溶かし、乳化剤などを加えて固めた二次加工品です。

江戸時代の「銭湯」はサウナそのもの!?

風呂の語源は「室《むろ》」で、もともと岩屋（岩壁に掘った穴）での蒸し風呂を指していました。一定料金を取って入浴させる銭湯も、江戸時代のはじめは蒸し風呂でした。今のように首までつかる風呂になったのは、江戸時代も後期になってからです。

では、どのように蒸したのでしょう。これには、二通りの方法がありました。

一つは、外の釜でお湯を沸かし、樋《とい》を伝わらせて浴室に湯気を引き込む方法。もう一つは、浴室に簀《す》の子《こ》を敷き、簀の子の下の水を直接温めて湯気を出す方式です。湯気で皮膚の表面をふやかして垢《あか》を浮き立たせ、よくしなうヤナギのような枝でたたいて、垢を落としていました。

江戸時代には、風呂屋はなかなか繁盛《はんじょう》していたようです。内風呂はかなり高くついて割に合わなかったことと、火事の原因になる恐れがあったことなどから、どんな豪商でも銭湯を利用していました。

当時の風呂屋は、弓と、力いっぱい引いた矢を組み合わせたものを看板にしていました。「弓射《ゆみい》る」を「湯に入《い》る」とかけた江戸っ子のしゃれだったようです。

平安時代の天皇の入浴はこんなにも大変！

平安時代の人はめったに風呂に入らなかったので、におい消しのために香《こう》をたきしめていたといいます。垢で黒光りしている光源氏《ひかるげんじ》なんて、一〇〇年の恋もいっぺんに覚めそうですが、それでもたまには風呂に入っていたようです。

少なくとも天皇については、日中行事として毎朝入浴していたという記録がありま す。ただ、**体を清潔にするというより心身を清める儀式という感じでしたから、形式にしたがって毎日寸分の狂いもなく執《と》り行なわれていました。**

毎朝辰《たつ》の刻（午前八時頃）になると、官人が釜殿《かなえどの》から御湯殿《おゆどの》に湯を運びます。湯を沸かすところとお風呂は、別の建物になっていたのです。次に、須麻子《すまし》という女官が二人でお湯を湯船に入れます。

天皇のお側について身の周りのお世話をする内侍《ないし》という高級女官が湯かげんをみて、

用意ができたことを天皇に告げると、天皇は湯かたびら（麻や木綿《もめん》のひとえ）を召して湯船に入ります。

入浴中に、典侍《ないしのすけ》が洗い粉で天皇の体を流し、それが終わると、洗い粉が入れてあった容器を床に打ちつけて割ります。その音を合図に、外で待機していた蔵人《くろうど》が弓の弦《つる》を打って悪魔払いをします。……もののしすぎて、逆に疲れてしまいそうですね。

一〇〇〇年前からあった「酵素洗剤」とは？

「バイオから生まれた酵素洗剤」などと聞くと、酵素で汚れを落とすのはつい最近の発明のように思えてしまいますが、実際は一〇〇〇年も前から行なわれていたようです。

朝鮮半島では、古くからウグイスの糞《ふん》で衣服のしみ抜きをしていました。これは、糞の中に含まれるタンパク質分解酵素プロテアーゼを利用したもので、やはりタンパク質分解酵素を利用している、現在の酵素洗剤と同じ原理です。

この手法は、平安時代に日本に入ってきました。日本では着物のしみ抜きばかりでなく、顔のしみ抜きとしても使われました。今では、酵素でしみを取る化粧品が売られていますが、酵素で顔を白くするのですからウグイスの糞でも同じことです。

でもこのウグイスの糞、においはしなかったのでしょうか。衣服の色がいくら白くなっても、妙なにおいがしみついたら困りますよね。

ちなみに、今から一〇〇年以上も前の話ですが、アメリカの陸軍では、軍服のしみを取るのに自分の唾液を使えという教えがあったそうです。唾液中のアミラーゼの働きで、食べもののしみを取るという効果を狙ったものだそうです。

驚くほど悪趣味な古代エジプトのおもてなし

古代エジプトでは、大勢の客を呼んでもてなすときには、**食事の終わり頃に、何と本物そっくりのミイラの模型と棺《ひつぎ》を、会食者の間をぬうようにまわした**そうです。この模型、本物とそっくりに技巧を凝らして彩色されており、本当に気持ちの悪いものだったようです。

そして、その家の主人は立ち上がってこう言ったのだそうです。

「これを見ながら、せいぜい今のうちに楽しくお過ごしください。あなた方もみんな、亡くなられたらこのような姿になられるのですから」

「生きているうちが花だよ、パーッとやろうよ、パーッと」と言われても、そんなものを見せられては興《きょう》ざめです。エジプト人にとっても、まったくありがたくない習慣だったのではないでしょうか。

それとも、そこまでやって場をしらけさせないと、客たちが浮かれすぎて主人としては手がつけられなくなってしまうほどだったのでしょうか。

大昔はどうやって避妊していたの？

避妊などという発想は最近のものだろうと思っていたら、とんだ大間違い。何と、古代エジプトですでに、膣内《ちつない》避妊薬が用いられていたのです。

紀元前一八五〇年頃の『ペトリパピルス』という書物に、はっきりとその方法が記されていて、それには、**ワニの糞を糊《のり》のようなもので丸めたものか、またはハチミツと天然の炭酸ソーダを膣内に入れるといい**、とあるのだそうです。

それで効果のほうはというと、驚いたことに、現代の科学ではっきり「効き目あり」と証明できるのです。まずワニの糞ですが、これは弱アルカリ性なので精子を無力化する効果があるといいます。糊やハチミツは精子の運動を鈍くしますし、炭酸ソーダは子宮口を収斂《しゅうれん》させて精液が中に入るのを妨げる働きをするというのです。

ところで、これと逆の発想がコンドームです。ペニスを包み込むというあまりにも単純なつくりなので、さぞ古くから使われてきたのだろうと思ったら、避妊具として正式に登場したのは一八世紀になってから。意外に歴史は新しいのです。

おそらく、アイデアは古くからあったのでしょうが、使用に耐え得る材料がなかったため、実用化できなかったのだと考えていいでしょう。

ちなみに、一八世紀に登場したコンドームの元祖は魚の膀胱《ぼうこう》を被《かぶ》せるというもので、発祥はフランスとされています。

アリストテレスが引き起こした「化石の大スキャンダル」

今でこそ、化石が大昔の生物の痕跡《こんせき》であることは常識ですが、それが理解されるようになったのは、何と一八世紀に入ってからのこと。それ以前は、化石は神秘なものの手によってつくられた、と考えられていたのです。

そのため、現在から見ると笑い話のような、こんな事件が起こりました。

一八世紀のはじめの頃です。ドイツのビュルツブルク大学にベリンガーという教授がいました。医学を教えていたのですが、この人の趣味が化石の収集だったのです。

それも、ただ買い集めるだけでなく、自分でも付近の山に採集にいくほどの熱心さでした。

これを見て、要職を兼務していたベリンガー教授への妬《ねた》みからでしょうか、フォン・エックハルト図書館長とローデリック教授の二人が、「にせの化石をつくってだましてやろう」とたくらんだのです。

そして三人の青年に助力を求め、せっせとにせものをつくると、それを近くの石切り場にばらまき、青年の一人に一つを持たせて、「こんな珍しい化石が見つかりました」とベリンガー教授に知らせにやったのです。

さっそくその石切り場に出かけた教授にとっては、感動の連続でした。次々に珍しい化石が発見されるのですから無理もありません。こうして、何日も教授の採集活動は続き、その数二〇〇〇以上にも及んだといいます。

面白いのが、その化石の内容です。実にさまざまで、中には、怪獣の化石や輝く太陽の化石、ヘブライ語の文字の化石まであったそうです。

なにせ、「化石は神秘なるものの手でつくられたもの」と信じ込んでいる教授です。このヘブライ文字の化石を見つけたのがよほど自慢だったようで、それまでに採集した化石の記録をまとめ、著書にして出版したのです。

その後も採集は続けられましたが、ある日、ある化石を見つけたとき、彼は顔面蒼《そう》白《はく》になり、今にも卒倒しそうなほど大きなショックを受けます。

何とその化石は、彼の名前の化石だったのです。

その後の彼の狼狽《ろうばい》ぶりは想像にお任せするとして、大学教授ともあろう人たちがこんな事件を起こしたことのほうが、むしろ信じられません。

しかし、**「化石が神秘な力でつくられたものだ」と言い始めた人が、ギリシャの大哲学者アリストテレスであった**といえば、うなずけるではありませんか。人間がいかに権威というものに弱いか、という教訓です。

ところで、化石の真の意味に気づいていた人がいなかったわけではありません。レオナルド・ダ・ヴィンチもその一人でした。しかし、彼はキリスト教の弾圧を恐れ、そのメモを公開せずにいたのです。

江戸時代の「歯ブラシ」は楊枝《ようじ》、では「歯磨き粉」は？

今では、楊枝というとつま楊枝のことを指しますが、もともとは歯を磨く歯ブラシのようなものでした。楊柳《ようりゅう》（ヤナギ）の先をつぶして細い繊維状にしたものなので、楊枝といったのです。

先が減ったり曲がったりすると削り取ってつくり直し、かなり減るまで使いました。

でも、ヤナギの枝がいくらよくしなるといっても、これで歯を磨くのはかなり痛そうです。何しろ木の繊維ですから、今の歯ブラシよりはずっと硬かったでしょう。

元禄《げんろく》時代には歯磨き粉が市場に出まわり始めましたが、これが砂に香料を混ぜたというすごいもの。エナメル質がいっぺんにこそげ落ちてしまいそうです。すすぎ残しでもしたら、ジャリジャリと砂を噛むような、味気ない気分になりそうです。

当時、男の白い歯はとても粋《いき》なものとされていたので、若い男は競って歯を磨きまくっていたらしく、文化・文政《ぶんせい》時代には、何と一〇〇種類を超える歯磨き粉が市場に出まわっていたそうです。

「元の木阿弥《もくあみ》」って何のこと?

何気なく使っている言葉にも、ドラマチックなエピソードがあるものです。

結局、元の惨《みじ》めな状態に戻ってしまうことを「元の木阿弥」といいますが、この木阿弥というのは、人の名前なのです。

それは、観阿弥《かんあみ》、世阿弥《ぜあみ》に続くその孫の能役者？　残念ながらそうではありません。

織田信長が活躍していた時代、大和《やまと》の国を支配していた武将、筒井順昭《じゅんしょう》は不治《ふじ》の病に倒れましたが、彼の息子の順慶《じゅんけい》はまだ二歳。順昭が死んだことが知れ渡れば、たちまち城は攻め落とされて国は滅びてしまいます。そこで、自分が死んでもそのことは秘密にし、誰か自分に似た影武者を立てるよう遺言《ゆいごん》して死にます。

そこで**影武者に立てられたのが、木阿弥という盲人。**木阿弥は順昭に声がそっくりでした。薄暗い病床に臥《ふ》せって命令を下し、首尾よく順昭の影武者を務め、周囲の人々をだまし続けました。しかし、順慶が成長するとお払い箱となり、いっかいの市《し》井《せい》の人に戻されたのです。それで、一時栄えた人が落ちぶれて元の惨めな状態に戻ることを、元の木阿弥というようになりました。

なぜ歌舞伎役者を「中村屋」などと屋号で呼ぶ？

歌舞伎に詳しい人なら、市川団十郎は成田屋、尾上《おのえ》菊五郎は音羽《おとわ》屋、中村歌右衛門《うたえもん》は成駒屋《なりこま》、中村勘三郎は中村屋、市川猿之助《えんのすけ》は澤瀉屋《おもだか》というように、役者の名を言わず屋号で呼びます。屋号とは店の名のこと。歌舞伎役者は別に店を構えているわけではないのに、どうして屋号など持っているのでしょうか。

実は、この屋号は、役者が蔑《さげす》まれ人並みの扱いをされなかった身分から、普通の人に這《は》い上がるまでの、血と涙の結晶なのです。

人として扱われなかった時代の役者たちには、定住する場所もありませんでした。河川敷などに建てられた芝居小屋の近くに小屋をつくり、ずっと惨めな暮らしをしていたのです。

ところが江戸時代になると、続々と名優が誕生。その名演技が芝居への関心を高めるとともに、しだいに尊敬されるようになっていくのです。そして、やがては身分が認められ、人並みの場所に住めるようになり、表通りに移り始めました。

ところがその頃は、表通りには商家しか建てられない規則があったのです。

そこで彼らは一計を案じます。**表向きは商家として、小間物屋《こまもの》などの看板を掲げた家を建てました。そのときの屋号が、今も使われている**ということです。

ルイ一四世は「和風の味」がお好みだった⁉

アメリカのある小説には、「しょう油は放射能に効く」といって売りつけるセールスマンが出てくるものがあります。何でも、日本が原爆から立ち直ったのはしょう油のおかげで、このへんは砂漠の向こうで核実験をやっているのだから、生き延びたかったらしょう油を使わなけりゃ、といって売り込むのです。今では、もうそんなセールスマンはいないでしょうが。

しょう油がこんなに広く普及したのは戦後になってからといわれていますが、**ヨーロッパでは、しょう油の味は江戸時代から好評で、鎖国中にもかかわらずかなりの量が輸出されていました。**

この期間、オランダが輸出を独占していて、一七七五年に長崎にやってきたスウェーデン人の植物学者ツンベルグの記録によれば、オランダ人はしょう油の発酵を止めて輸送中の変質を防ぐ方法を知っていたそうです。

中でも、フランスの王室はいいお得意さん。ルイ一四世の宮廷料理にも、隠し味にしょう油を使っていたといわれているのです。

旧日本軍の「コンニャク製」兵器って？

第二次世界大戦の末期、日本は、紙をコンニャク糊で貼り合わせた水素気球を風船爆弾として、アメリカ本土に向けて飛ばしました。ナイロンや合成ゴムを使わなかったのは、物資不足に陥《おちい》っていたためでしょうか。

しかも、これを上空のジェット気流に乗せて飛ばしていたというから驚きです。この頃、まだジェット気流の存在は世界的には知られていませんでした。

一万個製造してそのうち九三〇〇個を飛ばし、実際にアメリカ本土に達したのが二八五個といわれています。

和紙をコンニャク糊で何枚も貼り合わせると、水素ガスを通しにくくなります。**アメリカでは、このコンニャク糊を最新の化学製品と考え、成分分析を急ぎました。**よもや、食べものからつくられているとは思わなかったようです。

神戸牛がおいしいと評判になった「驚きの理由」

生《なま》ものはどんなものでも新鮮なほうがおいしいと考えられがちですが、肉の場合、牛でも豚でも鶏でも、実は腐る寸前くらいのものがおいしいのです。

動物は死ぬとすぐ死後硬直のため肉が固くなります。その状態で放っておくと硬直が解け、やがて熟成が進みます。それとともに肉が柔らかくなり旨味も増してくるのですが、熟成とは言葉を換えると腐敗が進んでいることですから、そのままにしておくと完全に腐ってしまいます。その直前に食べるとおいしいというわけです。

明治になって外国から日本に来た船はまず神戸に寄港し、そこで肉類をはじめとする食料を買い込み横浜に向かったのですが、横浜に着く頃、神戸で買った牛肉の熟成がほどよく進み、旨味が頂点に達していました。
このため外国船を中心に「神戸で買った肉はうまい」という評判が横浜から東京に広がりました。**神戸牛には申し訳ありません**

が、当時、評判がよくなったのは、品質が特別いいから……ではなかったのです。

ワシントンの「入れ歯のにおい対策」は斬新だった！

入れ歯の歴史は古く、それぞれの時代で、さまざまな工夫がこらされてきました。

紀元前七〇〇年には、エトルリア（現在の北部イタリアにあった国）の人々によって金のブリッジによる局部義歯がつくられていました。義歯には、骨や象牙《ぞうげ》を刻んだものや、人間の死体から取った歯が使われていました。

中世になると、歯ぐきの中の虫が虫歯を起こして歯を腐らせるという説が一般的になり、入れ歯治療は行なわれなくなりました。エリザベス一世は、前歯が抜け落ちて口がくぼんでしまったのを気にして、人前ではいつも口に布を詰めていたそうです。

一八世紀初頭、パリの歯科医フォーシャールは、上下の歯をスプリングで連結する総入れ歯をつくりました。この総入れ歯、しっかり固定されるのはよかったのですが、口を閉じたときには歯を食いしばっていなければ飛び出してきてしまうという欠点がありました。

その後、入れ歯は改良が重ねられ、骨や人間の歯ではなく磁器製のものが使われるようになります。

ところで、入れ歯をはじめてアメリカに紹介したのは、ジョン・グリーンウッド博士ですが、彼の患者の一人に、初代大統領ジョージ・ワシントンがいました。

ワシントンは入れ歯のにおいに悩み、毎晩、入れ歯をワインに漬け込んでいたそうです。こうしておけば、起きてからしばらくは、口の中がいい香りだったのでしょう。

ナポレオン「肖像画のポーズ」に隠された秘密

ナポレオンの肖像画には、右手をチョッキの下に入れる独特のポーズを取っているものがあります。肖像画で、ほかにそういうポーズをしている人はなかなか見かけません。なぜ彼だけは、チョッキの下に手を入れているのでしょう。

一般には、次のようなことがいわれています。「ナポレオンは時折、右脇腹の激しい痛みに襲われた。そういうときには、チョッキのボタンを外してイスの肘かけに寄りかかり、脇腹を押さえるようにしていた。イスがないときには、自分の右手をチョッキの下に入れて脇腹を押さえるようにしていた。それが**痛くないときにもくせになり、あの独特のポーズとなった**」というのです。

死後、ナポレオンを解剖してみると、胃には小指大の穴が開いていて、死因は胃がんによる胃《い》穿孔《せんこう》だったといわれています。時折襲った右脇腹の痛みは、ガンによるものではないかとも考えられるのです。

カラーフィルムを発明したのはミュージシャン!?

カメラ用のカラーフィルムは、一九三五年にイーストマン・コダック社から、コダカラーという名で発売されました。でも、カラーフィルムを発明した人に関しては、あまり知られていません。

発明者はレオポルド・ゴドフスキーとレオポルド・マニスの同名の二人。**実は写真**

や化学の専門家ではなく、二人ともコンサート・ミュージシャンでした。二人は学生の頃から友達で、写真にも興味を持っていました。

赤、青、黄の三原色を適当に混ぜ合わせると、どんな色でもつくれます。はじめは、三原色に分解した三枚の像を一枚のプリントに焼きつける方法を取りましたが、失敗。そこで今度は、三色を化学的に発色する方法を取りました。

一九二一年、彼らの研究に興味を示したイーストマン・コダック社が設備と化学薬品を提供してくれることになり、一九三〇年には研究員として招き入れました。ここの研究所で、三五年までにカラーフィルムを完成させ、発売と同時に大量生産の運びとなったわけです。

クレオパトラのアイメイクはなぜ濃いの？

「お化粧を落とすと、女の顔って信じられないくらい違っちゃうの」――クレイグ・ライスの『死体は散歩する』という小説の一節です。化粧とは文字通り、「化《ば》ける」

という一面を持っています。

メイクアップの中でも、とりわけ化ける効果が大きいのはアイメイク。目の縁《ふち》をちょっと描いただけでガラリとイメージが変わってしまいます。

このアイメイクで思い浮かぶのは、古代エジプトの女性たちです。壁画に見る彼女たちは、みんな目の周りがくっきりと描かれています。彼女たちは、コールと呼ばれる黒い粉で眉《まゆ》やまぶた、まつ毛を染め、まぶたの裏側を緑色に染めていたと言われます。

まぶたの裏側までとは、と思われるかもしれませんが、これには理由があります。この緑色の染料は、緑青《ろくしょう》（緑色の錆《さび》）と同じ成分の孔雀石《くじゃくいし》の粉末を溶かしたもので、**化粧のためというよりも、目を守るために用いられていたのです。**

アフリカには、目の分泌物を好んでなめるメマトイというハエがいます。誰彼かまわず目にたかるこのハエたちには、眼病を伝染させる危険があります。クレオパトラのように宮殿に暮らす人たちにとっても恐ろしく、その襲撃を防ぐには目に防虫剤をつけるしかないというので、まぶたの裏側を染めていたのです。

7章

なぜ関東は「濃い味」で関西は「薄味」なの？

【食べもの】雑学

なぜ関東は「濃い味」で関西は「薄味」なの?

何気《なにげ》なく食べているものでも、知らないことは意外と多い。

たとえば、うどん。関東のうどんの汁が黒くて濃く、関西の汁はあっさりしていることがよく知られていますが、この違いはどこからきたのでしょうか。

今でこそ東京は日本を代表する都会となっていますが、徳川家康が幕府を開く以前は、京都からはるかに離れた田舎《いなか》だったのです。田舎にいた人たちのほとんどは農民ですから、毎日激しい労働にあけくれます。

関東武士といわれる人たちもいましたが、彼らも平時は農業に従事していました。肉体労働に従事する人は多量の汗をかくため、食事の中で塩分を補給しようとします。この伝統が定着して、関東では濃いしょう油味が広まったわけです。

これに対して関西は、関東に比べて知的階級が食をはじめとした文化をリードする傾向にあったため、労働者向けの濃い味ではなく、薄味が主流となったわけです。

京に出てきた織田信長が、料理の味が薄いのに激怒したのを見て、京の料理人たち

が「田舎もの」と陰で嘲笑《ちょうしょう》したという逸話《いつわ》も残っています。

しょう油の「濃口」「薄口」、塩分が高いのは意外にも……

しょう油には濃口と薄口があり、関東では濃口、関西では薄口が一般的です。濃口しょう油は色が濃く、香りもきつめ。それに比べて、薄口しょう油は色の濃さが濃口の四分の一、香りにもくせがありません。

ところが**塩分を比較すると、意外にも薄口のほうが二％ほど高いのです。**

しょう油は、醸造《じょうぞう》のときに糖分とアミノ酸の反応が大きいと色が濃くなります。この反応を抑えるのが、食塩水の濃度。塩分を濃くすればするほど、色は薄くなります。

要するに薄口しょう油とは、塩分を濃くすることによって色を薄くし、アミノ酸の反応を弱くしてくせをなくしたものなのです。

塩分の摂《と》りすぎを気にしている人は、くれぐれもお間違えのないように。「薄口」ではなく「減塩」と表示されているものを選べば、安心です。

「辛いものを食べる」と太りにくくなる！

スパイスのきいたエスニック料理や、韓国料理の主役は、何といっても唐辛子。七味唐辛子などは、日本でもおなじみの調味料ですが、この唐辛子が肥満防止にひと役買っているといわれています。

京都大学の岩井和夫氏がマウスで実験したところ、同じ高脂肪食を毎日与えても、唐辛子の辛味の成分であるカプサイシンを加えたほうには脂肪はほとんどつかず、血清（血液に含まれる液体成分）中の脂質量も減少するという結果が得られたのです。しかも、カプサイシンの量が多いほどその傾向が強かったといいます。

また、**アメリカの調査では、肥満体の人の大半が「辛いものは嫌い」と回答した**という報告もあります。

そういえば、辛いもの好きの多い韓国に肥満の人が少ないように思うのは、気のせいでしょうか。

お酒の名産地には、なぜ色白美人が多い？

美人といえば秋田美人と京美人がまずあげられますが、この二つの地方は昔からお酒の名産地として知られています。このほかにもお酒の産地として有名なところは、たいてい美人の産地です。美人とお酒との間に、どんな関係があるのでしょうか。

お酒の二大要素といえば米と水ですが、美人と関係があるのはどうやら水のほう。お酒に適しているのは雑菌が少なくミネラルの多い硬水ですが、これには便秘を防ぐ作用があります。

新陳代謝《しんちんたいしゃ》を促《うなが》し、余分な脂肪を残さないばかりか、メラニン色素が皮膚に蓄積するのを防ぐので、色白でふっくらとした肌をつくります。だから**硬水を毎日使っている女性は太らず、きりりとした色白の肌になる**というわけです。

この原理を応用すれば、誰でも色白美人に近づけるのかもしれませんが、毎日ミネラルウォーターを買って、飲み水から料理までのすべてをまかなうのは、ちょっと大変です。

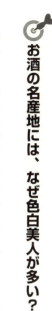

胸やけのときこそ「脂っこいもの」を食べるべき⁉

「エッ⁉」と思うかもしれませんが、これは本当。市販の医学書を見ても、胃酸過多のときには胃液分泌《ぶんぴつ》を抑える良質な油を摂るようにと、ちゃんと載っています。

食後一～二時間で胸やけ、ゲップ、胃部の圧迫感、灼熱《しゃくねつ》感が起きるときは、胃液の中の塩酸がとても多くなっているのです。

ですから、酸度が高くなった胃液の分泌を抑えるか、酸度を下げるようにすればいいのです。胃液分泌を必要以上に促進しない食べ物は、ご飯やめん類、パンなど、炭水化物の多い穀類《こくるい》。そばよりうどん、黒パンより白パンのほうが、消化が早いため、胃液をあまり分泌しません。卵、白身魚、豆腐などのタンパク質も効果的です。

また、**脂肪も胃液分泌を抑えるのに効果があります。**オリーブ油やサラダ油などの植物性油脂《ゆし》、バターなどの良質の動物性油脂が酸度を低下させます。

反対に、赤身の肉類は胃液を分泌させてしまうので要注意。香辛料や刺激物、繊維の多い野菜なども、避けたほうが無難です。

小魚を食べても、カルシウム不足は解消されない？

日本人に不足しがちな栄養素の一つ、カルシウム。カルシウム不足になってしまう原因は、日本が火山国であることが関係しています。火山灰層に覆《おお》われた土壌《どじょう》には、カルシウムが必然的に少ないからです。

カルシウム不足は精神的な不安定の原因になり、また年を取って骨が弱くなる原因にもなるというので、たくさん摂るよう心がけている人が多いようですが、ここで一つ〝常識のウソ〟を指摘しておきたいと思います。

それは、小魚を食べると、カルシウムがたくさん摂れるという〝誤解〟。

確かにカルシウムは摂取できますが、その中心は骨の中にある燐酸《りんさん》カルシウムと呼ばれるもの。これは水に溶けにくく、体内に吸収されにくいのです。食べたカルシウムの二〇％しか吸収されないという調査もあります。

カルシウムの摂取ということでは、ホウレンソウ、ワカメ、ヒジキなどをしっかり食べ、毎日、牛乳を飲むのがいちばん効率的なようです。

「病人にお粥《かゆ》を食べさせる」のは逆効果!?

病気になると、すぐにお粥を食べさせる――そんな習慣がある家庭も多いのではないでしょうか。軟らかくて嚙まなくてもいいため食べやすいし、消化もいいということなのでしょうが、これは大間違い。

お粥は、消化力が弱まっている病人にはかえって悪い効果があるのです。

嚙まずに流し込めばすぐに胃に到達するので、食べやすいことは確かです。しかし、食べやすいことと消化がいいことを混同してはいけません。私たちの消化作業は、口でしっかり嚙むことから始まっているのです。よく嚙んで食べものを細かくし、唾液中の消化酵素をよく混ぜ合わせる。そうすることで胃からあとの消化・吸収に負担をかけないようにするのが最初の仕事です。

そういう見地に立つと、**お粥は、消化活動のすべてを次へ押しつける〝無責任型の食事〟**と言えます。いくら軟らかくても、消化の第一段階がパスされたのでは、胃の仕事が増えるだけ。負担は増す一方です。もちろん、胃だけではそれを補《おぎな》い切れず、十二指腸《じゅうにしちょう》、小腸、大腸へと、順送りにツケが回されていきます。

それに、栄養価の面でも、お粥は不適切だといえるでしょう。同じ病人食なら、むしろ白身の魚、豆腐、半熟卵など、高タンパクで消化のよいものを、よく噛んで食べるほうがよほど身になるというものです。

食卓のシシャモは「本物のシシャモ」ではないのかも？

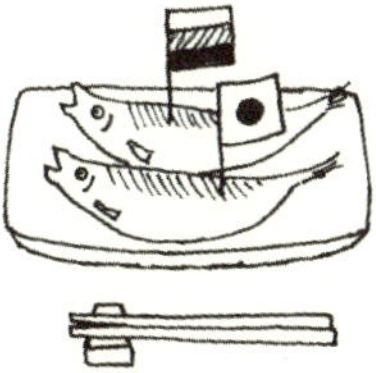

シシャモは、体長一五センチほどで、北海道の南東部沿岸に棲《す》む魚です。

毎年一一月になると、卵を産むために釧路《くしろ》川や十勝《とかち》川などを上ってきます。このとき獲られたものが、あの子持ちシシャモです。ところが、漁期はわずか一カ月。ごく限られた期間にしか獲れない上に、数もあまり多くないのが難です。

そこで代わりに売られるようになったのが、キャペリンという、ロシアなどで獲れる魚。こちらは**シシャモとはまったくの別種で**

すが、別名カラフトシシャモとも呼ばれています。ロシアのほか、カナダ、ノルウェー、アイスランドなどから輸入し、安値で市場に出まわっているのです。

晩秋から初冬にかけて、高い値で売られているのは本物のシシャモと思って間違いないですが、その他の季節で、しかも安いときたら、それはおそらくキャペリンです。

タマネギの茶色の皮は栄養満点だった！

どこからどこまでが皮なのかよくわからないタマネギですが、ここでいうのは、外側の茶色い皮のこと。まさか体によい成分が含まれているなどとは夢にも思わず、むいては捨てていた人がほとんどではないでしょうか。

この部分にある有効成分は、クエルセチンというもの。**主に血管を丈夫にし、高血圧を予防する働きを持っています。**また血液の正常な循環《じゅんかん》を保つため、血行不良からくる肩こりや不眠も改善するとか。

ただし、いくら体によいからといっても、筋《すじ》だらけで、食べにくいことこの上ないのが難点。だしを取ってスープや味噌汁にするのが最適でしょう。皮そのものを食べなくても、成分はきちんと摂取できます。

この茶色い皮のみならず、そもそもタマネギ自体が、血行促進作用のある硫化《りゅうか》アリルを含んでいます。ですから無理して茶色い皮を食べる必要もないといえばそれまでですが、一応参考までに。

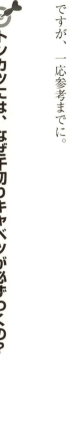

トンカツには、なぜ千切りキャベツが必ずつくの？

今も昔も、トンカツにはキャベツがつきもの。素人《しろうと》にはなかなか真似できない極細切りが、多くの店で機械で行なわれるようになった今でも、やはりキャベツはなくてはならない存在です。
ほかの多くのつけ合わせ同様、トンカツにおけるキャベツも重要な役割を果たしています。
トンカツは、豚肉を使っている上に衣をつけて揚げている、とても脂っこい食べものですが、キャベツは胃腸を保護し、消化・吸収も助けてくれる働きを持っているのです。

また、栄養面から見ても、キャベツの盛り合わせは最適。**キャベツには胃腸障害に効くビタミンUも含まれているので、脂っこいものを食べるときの最高のパートナー**です。

ただし、千切りにしたあとで水にさらしすぎると、大切なビタミンUが溶け出してしまいます。トンカツ屋のカウンター越しにでも調理場をのぞいてみて、キャベツをどっさり切り切り溜めして水を張ったボウルにつけていたりしたら、栄養はあまり期待しないほうがいいかもしれません。

卵はとがったほうを下にすると鮮度が保てる!

当たり前のことですが、卵だって呼吸をしています。

気室という空気の入った部分があり、そこを通して外界の空気を取り入れるという方法で呼吸をしています。この気室があるのが、丸みのあるほうです。

だから**冷蔵庫の卵入れで保存するときは、とがったほうを下に、丸いほうは上に向けるのが正しい**のです。これなら、卵に楽に呼吸をさせてやることができ、鮮度の低下を遅らせることができます。

なお、古い卵は、電灯に透かすと気室の部分が大きめの影のように見えます。これは、鮮度が落ちるにつれて卵の表面を覆っていた薄い膜がはがれ、そこから内部の水分が蒸発し、その分、気室が広くなったためです。

黒ビールならぬ「白ビール」の正体は？

「白いビール」があるのをご存じでしょうか。名前は「ベルリーナ・ヴァイセ」と言って、ドイツで一八〇〇年代後半からつくられているものです。

このビールの変わっているところは、まず原料。**普通、ビールの原料といえば大麦ですが、ベルリーナ・ヴァイセは小麦を発酵させます。**

そして、一次発酵のあとに乳酸菌を混入。これで、ビールにしては珍しい、乳白色を帯びた色合いになるのです。そのあともう一度発酵させると、酸味が強くて、泡がきめ細かいビールになります。

もう一つ変わっているところは、その飲み方。ビールだけで飲むことはめったになく、ラズベリー、チェリーなど果実のシロップを混ぜ、甘いカクテルにするのが普通。シロップの色と白い泡の調和もきれいだし、ジュース感覚で真っ昼間から堂々と飲めるので、興味のある人は探してみて。

二日酔いしない酒肴《しゅこう》の決定版はこれだ！

二日酔いが怖いならそんなに飲むな、との声をごもっともだと思いつつ、つい度を越してしまう。そんな意志の弱い飲んべえにお勧めなのが、次にあげる肴《さかな》です。

まず、**ゴマをかけたコマツナのお浸し。**コマツナに豊富に含まれるビタミンB_2は、肝臓の解毒作用を促し、ゴマの成分メチオニンは、アルコール分解を助けます。

次に、**湯豆腐。たれにはカツオブシとアサツキをたっぷり入れること。**豆腐のタンパク質が胃壁を守り、カツオブシにはメチオニンが豊富なため、アルコール分解が速く進みます。アサツキはビタミンB_2の宝庫で、解毒に効果大です。

中華のメニューなら、**シバエビとセロリの炒め物。**シバエビはメチオニン、セロリはビタミンB_2を多く含む食品です。

要するに、アルコール分解を助ける栄養素と、解毒作用のある栄養素を一緒に摂ろうというわけ。こうすれば肝臓の負担を減らしながら、アルコールを早めに処理できます。飲んべえにとっては、メチオニンさまさま、ビタミンB_2さまさまです。

魚以外のつまみも「さかな」というのはなぜ？

「さかな」はもともと日本人が使っていた大和《やまと》言葉で、本来は「酒に添えるもの」という意味。**漢字では「魚」ではなく「酒菜」と書いていました。**

したがってその内容は幅広く、魚、鳥肉、野菜などのいわゆるおつまみのほか、引《ひき》出物《でもの》として添えられた服飾品や武器、歌謡や舞踊なども「さかな」の一つでした。これらは技芸として、それぞれ独自に発展していきます。残されたのはおつまみで、「さかな」という語は、酒と一緒に食べるものの意味に限定されていきます。

ところがよく考えてみれば、酒と相性がよくてつまみに最も多く用いられているのが「魚《うお》」でした。つまり、「さかな」と呼ぶもののほとんどが「魚」だったわけです。そのためごく自然に、魚を「さかな」と読むようになりました。

ビールの大ビンの容量が六三三ミリリットルと半端な理由

さまざまな嗜好《しこう》に対応して、多くの銘柄《めいがら》があるビールですが、相変わらずなのが大ビンの容量。六三三ミリリットルと半端な数字ですが、これにはワケがあるのです。

日本のビールは、明治の初期、横浜で製造されるようになりました。そして明治二

○年代になると、続々とビール会社ができて、ビン入りビールが販売されます。

しかし、当時はビールビンをつくる技術が未発達で、各社とも不揃い。同じメーカーのものでも一〇ミリリットル前後の誤差があることは珍しくなかったのです。

当時の酒税は造石税《ぞうこくぜい》といって、仕込み釜《がま》の容量に対して課税されていたので、ビンのサイズに誤差があっても問題はなく、これはそのまま昭和まで続きます。

ところが昭和一五年、酒税の課税方法が、出荷量を対象とする庫出税《くらだしぜい》に切り替えられることになりました。こうなると、容量が統一されていないと計算が面倒です。

そこで各社で話し合った結果、技術的に最も容量の少ないものに合わせたほうが合理的だというので、**当時出まわっていたビールビンのうちで最も容量の少なかったビンが基準にされました。**それがたまたま六三三ミリリットルだったというわけです。

ビールは注ぎ方でおいしさが変わる！

ヨーロッパで本場のビールを飲んできた人は、日本のビールの味にどうも納得できないものを感じるようです。

ところが、ドイツ生活の長かった指揮者の故・岩城《いわき》宏之《ひろゆき》さんは、日本のビールは世界水準に達しており、問題はビールの注ぎ方にあるのだと言っていたそうです。ちゃんとうまく注げば、ドイツ並みの味わいがあるとか。

日本人のビールの注ぎ方は日本酒のときのくせがあるためか、グラスを傾けてソロリと注ぐのですが、岩城さんに言わせると、これがダメなのだそうです。

ビールは炭酸飲料なので、炭酸ガスが溶け込んでいます。ソロリと注ぐとそれをそのまま胃に流し込むことになり、中で「ボワーッと大量の泡が出る」ことになります。これでは最初の一杯はいいとしても、あとでおなかがふくれてしまうばかりでなく、味も落ちてしまいます。

そうならないためには、**グラスに注ぐとき、ドボドボと入れてたっぷり泡を立て、炭酸ガスを逃がしてやればいい**のです。そうすればホップの強すぎる苦味も緩和され、さわやかなおいしいビールが飲めるそうです。

岩城さんによると、ドイツのビヤホールやレストランでは、ボーイさんがビールを注ぐとき、派手にドボドボやっているそうです。

「和牛」と「国産牛」の違いって？

当たり前の話ですが、牛には肉牛と乳牛があり、肉牛のうち最高級のものを「和牛」と銘打っています。

一方の乳牛、忘れてしまいがちだけれど、乳牛にだってオスがいるのです。このオスの乳牛、当然オッパイは出ません。そこで農家の人たちは考えました。オスがいなければ子どもはつくれない。でも大きくなるまで育てても、乳が採れないんじゃつまらない。かといって処分するのももったいないし……。

というわけで、**一部の種牛だけを残してほかのオスの乳牛は食用に**、となりました。乳牛はホルスタイン種ですが、オスの乳牛を食用にするためには、肉質をよくするために去勢する必要があります。この牛を「ホル抜き」と呼ぶそうです。

ホル抜き牛は、そもそも肉牛とは言えません。かといって、店頭で「ホル抜き」と呼ぶのもあんまりです。苦肉の策で「国産牛」という表現になったようです。

最近流行《はやり》の銘柄牛の中にも、この「国産牛」があるようです。お乳が出ないばっかりに食用にされてしまった「ホル抜き」君、おいしく料理して、せめて食肉としての役割を全《まっと》うさせてやりましょう。

肉は「鮮やかな赤色のものが新鮮」とは限らない！

店頭で牛肉を選ぶとき、鮮やかな赤身の肉と、暗い赤紫色の肉が並んでいたら、さて、どちらを選びますか。

鮮やかな赤身のほうが新鮮でおいしそうに見えるのですが、実は正反対。

肉の赤身の色は、血液中のヘモグロビンと赤紫色をしたミオグロビンという色素の組み合わせで決まります。豚肉よりも牛肉のほうが赤いのは、牛がミオグロビンを多く持っているためです。

しかしヘモグロビンは血液の色、ミオグロビンは暗い赤紫色にすぎませんから、このままではあの鮮やかな赤色にはなりません。

肉が鮮やかな色になるのは、ミオグロビンが酸化してオキシミオグロビンという成分に変化したときです。つまり、**解体してから時間が経たないと、鮮やかな赤色は生まれない**ことになります。

近頃では、ミオグロビンを変化させるための薬品も使われているようです。鮮やかな赤身肉には、くれぐれもだまされないようご用心を。

昔の人はマグロのトロを捨てていた！

寿司の中でも特に人気で、高価なネタがトロ。ところが、昔（といっても戦前あたりまで）は、マグロの本流はあくまでも赤身。トロはマグロのゴミとされ、食べずに捨てていたというのです。つまり、ああしてトロリとしているのは、身が古く、腐り始めたためと考えられていたわけです。

その証拠がトロの語源。トロリとした舌触りからきているのかというと、そうではなく、池田弥《や》三郎《さぶろう》著『たべもの歳時記』によ

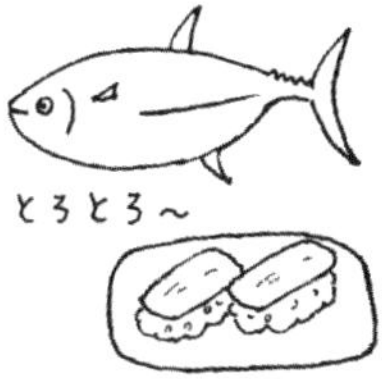

ると、語源ははるか『古事記』にまで遡《さかのぼ》るそうです。

日本の国がつくられた頃のこと。死んだイザナミノミコトを連れ戻しに黄泉《よみ》の国へ行ったイザナギノミコトは、「絶対に見ない」という約束を破ってイザナミノミコトの姿を見てしまった。そのときのイザナミノミコトの体は、ウジがたかり、とろとろになっていた――。

「ここにでてくる『トロ』というのが、まぐろなどのとろというのと、同じことばであろう」（同書）というのです。

「とろとろ」は腐った状態を指す擬態語《ぎたいご》なので、腐ったような感触のマグロの脂身をトロと呼ぶようになったわけです。

煎茶、番茶、焙《ほう》じ茶、玉露《ぎょくろ》、抹茶……何が違う？

ビタミンCが豊富なことや、抗ガン物質が発見されたことから見直されている日本茶ですが、さて、それぞれの葉の違いをご存じですか。

まず**煎茶は、露地栽培の新芽を摘《つ》み取ったもの。**日光を十分に受けて育ったので、ビタミンCは日本茶の中でも最も豊富。摘み取った葉は、蒸気で蒸し、もんで細かくしながら乾燥させます。

番茶には、煎茶の若芽を摘んだあとで伸びた葉や茎《くき》を使います。蒸すか煮るかしたあと、少し発酵させて天日で乾燥。煎茶よりも、カフェインが減少します。

焙じ茶は、煎茶の下級品を強火で焙じたもの。もともとは、香りが落ちるので焙じてこうばしく仕上げたのが始まりだったようです。タンニン、カフェインは、緑茶の中で最も少なくなっています。

玉露と抹茶の葉は、まったく同じ。蒸した後、もんで乾燥させたのが玉露で、もまずに乾燥させて、葉脈と葉柄を除いて粉にしたのが抹茶です。

ちなみに、抽出《ちゅうしゅつ》前の一〇〇グラム中のビタミンC含有量は、煎茶が二五〇ミリグラム、番茶が一五〇ミリグラム、焙じ茶が五〇ミリグラム、玉露と抹茶が約六〇ミリグラムです。

飲むのもいいけれど、時には葉を食べてみるのもお勧めです。混ぜご飯にしたり、天ぷらの衣や和《あ》え物、ドレッシングに混ぜても香りがいいし、ビタミンCも摂れます。

そうめんと冷や麦、何が違うの?

日本の夏に欠かせないのが、何といってもそうめんや冷や麦です。冷奴《ひややっこ》やトコロテンなど涼を求める夏料理の中でも、主食格といえる食べもので、炭水化物だから即エネルギー源にもなります。

ところで、そうめんと冷や麦の違いは何でしょうか。

そうめんが直径一ミリ以下で、それ以上のものが冷や麦、とよくいわれているようですが、本当は太さの差異だけではありません。

小麦粉に塩や水を加えてこねるところまでは同じですが、そのあと、細く延ばすときに油を使うのがそうめんで、使わないのが冷や麦なのです。

つまり、冷や麦はうどんと同じ製法で、ただ細めに切っただけのもの。

そうめんのほうは極細に延ばさなければならないため、ごま油か菜種《なたね》油をつけて切れにくくします。

袋に表示されている**原材料を見ると、冷や麦は小麦粉と食塩になっていますが、手**

延べそうめんは植物油もこれに加えられています。

違いをわかって食べると、味も違ってくるのではないでしょうか。

眠いときは、コーヒーよりも抹茶がお勧め？

眠け覚ましに効くものと聞いて、まず思いつくのがコーヒー。でも、本当にコーヒーが最も目の覚める飲みものなのでしょうか。

確かにコーヒーの中には、中枢神経を刺激し、覚醒《かくせい》作用のあるカフェインが多く含まれています。

しかし、**コーヒーがほかの飲み物と比べて、カフェインの含有量が多いというわけではありません。**コーヒーのいり豆一〇〇グラム中のカフェインは一・三％、浸出液《しんしゅつえき》一〇〇グラム中には〇・〇四％。

一方、紅茶は葉で二・七％、浸出液で〇・〇五％。コーヒーよりもカフェインがやや多めに含まれています。

意外に多いのは日本茶で、番茶の葉なら二・〇%、抹茶なら何と三・二%。浸出液での比較だとまた違いますし、好みの問題もありますが、頭をすっきりさせるのが目的ならば、コーヒーよりも抹茶をいただいたほうが効果的かもしれません。

なぜ「朝食を抜く」とかえって太る？

「朝食を抜いてカロリー制限しているのに、全然やせない」と言う人がよくいます。理屈の上では一食抜いた分だけやせられそうな気がしますが、実際はそうではなく、かえって太る原因となっているのです。

これは、空腹時間が長くなることで、体内組織の脂肪合成機能が高められることによります。つまり**一種の防衛反応で、飢《き》餓《が》状態に備えようと、組織が脂肪をため込む働きをしてしまう**のです。

同じことは、食いだめにもいえます。食べられるときにたくさん食べて、食事の回数を減らすというやり方。これも、食事の間が長くなる点で不利です。たとえ一日のカロリー摂取量が同じとしても、三度の食事をきちんと規則正しく摂っている人に比べると、太り方にはかなりの違いがあるのです。

一方、これを上手に逆用したのが力士です。彼らは、太って体が大きくなるほど有利になります。だから、早朝に稽古《けいこ》をし、遅めの朝食を摂り、昼食を抜いて夕食をたっぷりと摂るという、肥満の原因になる要素をすべて注ぎ込んだような食生活をしているのです。

やせたい人は要注意！果物《くだもの》の糖分はケーキ並み!?

甘いお菓子には神経質なのに、なぜか果物となると警戒心をなくして、好き放題に食べまくる人がいます。

砂糖を使ったものより甘さが強くない、ビタミンCやミネラルが多く含まれていて健康にいい、自然の恵みだから悪いはずがない、というわけですが、そのこと自体は間違いではありません。確かに果物は、体にいいものを多く含んでいます。食べないよりは食べたほうが、断然、健康にいい。

しかし、果物はまた、糖分も非常に豊富。たとえば**ナツミカンのように甘さが目立たないものでも、ちょっとしたケーキ並みの糖分が含まれている**といいます。

それだけではありません。**果物の糖を果糖と言いますが、これは、砂糖よりも肥満の原因になりやすい性質を持っている**のです。というのは、消化分解される過程で、一部がブドウ糖として血液中に送り込まれるためで、摂りすぎるとコレステロールに変わり、さらに皮下脂肪としてどんどん蓄積されてしまうのです。

果物が大好物という人は、このコレステロールを燃やす働きをするビタミンAやカロチンを多めに摂るといいでしょう。

大豆を世界に広めたのは日本だった！

大豆のことを「畑の肉」とも言いますが、こう名づけたのは、一九世紀のドイツの学者たちでした。これには、面白いエピソードがあります。

時は一八七三年、明治六年のこと。この年、ウィーンで万国《ばんこく》博覧会が開催されました。当時、ヨーロッパでは開国以来の日本ブームが続いていて、それを反映してか、博覧会側から出展を強く要請されたのです。

日本がはじめて万国博に出展参加したのは一八六七年のパリ博でしたが、そのときにほとんど目ぼしいものを出してしまっていたこともあり、政府は最初断わったそうです。

しかし、相手は「ヨーロッパにないものなら何でもいいから出展してくれ」と執拗《しつよう》に食い下がってきます。そこでやむなく参加することになったのですが、何と、その出展品の中に大豆と寒天が含まれていたのです。

なぜこの二つが選ばれたのか、どんなふうに展示されたのかはわかりませんが、とにかくこれが大好評でした。

特に大豆の評判は抜群で、**フランス人などは「真珠のような豆」と、手放しで称讃したそうです。**

ドイツ人のほうは、さすがに実証主義のお国柄。手放しで褒めるなどということはせず、大豆の栄養組成《そせい》を徹底的に分析。その上でおもむろに、「この豆の栄養価は牛肉や豚肉に匹敵する、いわば、畑の肉とでも言うべきものだ」と公表。つまり**畑の肉とは、ドイツの学者たちの「おスミつき」だった**というわけです。

その後、ドイツは大豆による食糧革命を図り、日本から大量に取り寄せて栽培実験を行なったのですが、残念なことに、ヨーロッパの土壌には大豆栽培に不可欠な根粒《こんりゅう》菌《きん》がないことがわかって断念したという後日談があります。

現在、大豆はアメリカやカナダが主要生産国とされていますが、これも、そのときのドイツの評価を知り、第二次大戦中にアメリカが栽培を試みたのが始まりといわれています。

昔は納豆を「豆腐」と呼び、豆腐を「納豆」と呼んだ！

「五月肩凝り納豆月」という言葉があります。旧暦の五月といえば新暦では六月、田植えの季節です。農家にとっては最も忙しい時期で、疲れもひとしおでしょう。これは、肩が凝り、疲れ切った体をいたわるには納豆がいちばん、ということを表わした生活の知恵です。

大豆を煮てそれをワラに包み、納豆菌を加えて一種の腐敗作用を行なわせる。そうして、高い栄養価を損なうことなく保存食にしたのが納豆です。しかもこれは、体に一〇〇パーセント消化・吸収される理想の食品でもあります。

この納豆の始まりは、貧しい農家で大豆をワラに包んで大事に保存しておいたのが腐ってしまい、捨てるに捨て切れずに口にしたところ、「食べられる！」と知った、そんなところにあるのではないか、と考えられています。

ところで、同じ大豆でつくられたものに豆腐がありますが、こちらは大豆を煮込んだ汁にニガリを入れて固まらせてつくります。

納豆と豆腐の製法を比べてみて、「おや？」と思いませんか。「納める」という言葉に「物事を整った形にする」という意味があると言えば、もうお気づきでしょう。**腐らせたほうが納豆で、豆の汁から固体に納めるのが豆腐――明らかに名前が逆です。**

語源を研究している人によると、もともとは納豆を豆腐と言い、豆腐を納豆と言っていたのが、「ねっとり」と「なっとう」の語感が似ていることもあり、いつの間にか呼び方が入れ替わってしまったのだろう、ということです。

「甘さ控えめのお菓子は糖分も控えめ」ではない！

一般に、高級なお菓子ほど甘味が抑えられていて、砂糖の量は少ないように思えますが、それはまったくの誤解です。砂糖の場合、甘さは必ずしもその量と比例するわけではありません。その理由は、**主成分の蔗糖《しょとう》が、純度が高くなればなるほど甘味が柔らかくなるという性質を持っている**からです。

ふだんよく使う上白糖の純度は九二～九五％、グラニュー糖はそれよりも純度が高くて九八～九九％、ザラメになると九九・九％と、ほとんど純粋な蔗糖です。これに対して、甘さのほうは、上白糖よりもグラニュー糖、グラニュー糖よりもザラメのほうが、よりあっさりした甘さになることが多いのです。

このように、純度が低くなるほど甘味が強くなるのは、不純物として含まれている果糖やカルシウムが甘味を強めているためです。

高級菓子は上品な甘さが身上であり、当然、精製度の高い砂糖を用いています。その結果、感じる甘さは淡くなりますが、蔗糖そのものの量にはそう違いはありません。

葉野菜を水に浸すと栄養がどんどん失われる!?

ホウレンソウなど、しおれかけた葉野菜に水をかけると、シャンとしたように見えます。いかにも野菜が息を吹き返して新鮮さを取り戻した感じがしますが、実際はどうなのでしょう。

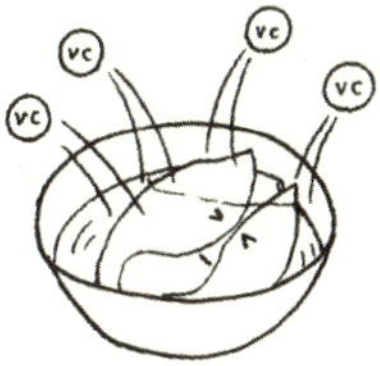

残念ながら、これは見せかけの元気にすぎません。いくらこうして新鮮に見せても、いったん失われたビタミン類は元には戻らないことを、実験が証明しています。

それどころか、たとえば、**しおれたサラダ菜を一昼夜水に浸《ひた》しておくと、浸さずにしおれたままで置いていたものより、ビタミ**

ンCの含有量が二〜三割少なくなっていたという結果も出ています。スーパーなどで売っているカット野菜は、さらにビタミンの損失量が多いと考えていいでしょう。

野菜はよく売れている店で買い、新鮮なうちに自分で調理するのがいちばんです。

「ハゲを防ぐ食べ合わせ」はズバリこれ！

海藻を食べると髪が美しくなる、とは昔からよくいわれてきました。栄養学などなかった時代には、体の部分と似ているものを食べればその部分が丈夫になる、とされていたからです。確かに、ノリやワカメ、ヒジキやモズクなどの色つや、水中でゆらめくさまは、フサフサの黒髪を思わせます。

現代では海藻の効力は、栄養素の点からも解明されています。

人の毛髪の主成分は、ケラチンというタンパク質の一種とヨード（ヨウ素）。海藻類には、このヨードがたっぷり含まれているのです。